Essentiels si essentiels

Collection *Monde en cours*
créée par Jean Viard

Propos et témoignages recueillis
par Odile Stanciu
Portraits : © Cyril Entzmann

www.editionsdelaube.com

ISBN 978-2-8159-6967-3

Essentiels si essentiels

Devenez le héros de leur quotidien

sous la direction de
Véronique Achille-Revillod

Préface de Marylise Léon

Postface de Laurent Berger

éditions de l'aube

Préface

Marylise Léon,
secrétaire générale de la CFDT

Il est des silences coupables. Celui qui entoure les travailleurs et travailleuses essentiels en fait partie. La société est terriblement ingrate envers toutes celles et tous ceux qui prennent soin des enfants et des anciens, qui nettoient les rues, surveillent les établissements publics ou privés, tiennent les caisses des supermarchés. Trop souvent, ils et elles n'ont pas de patronyme, parfois un simple prénom inscrit sur un badge épinglé sur la poitrine. La pandémie les a pourtant brutalement mis dans la lumière. Ces bataillons de salariés ont été les seuls, avec les soignants, à continuer à travailler lorsque l'économie a été mise en pause. Ils ont été applaudis, admirés, expressément remerciés. Puis sont vite retombés dans l'anonymat.

La Fédération CFDT des Services n'a pas attendu 2020 pour crier haut et fort que, sans ces millions de travailleurs et de travailleuses, la société ne tenait pas. Le covid l'a prouvé très concrètement. Il a fallu qu'un danger mortel se manifeste pour que les responsables politiques s'intéressent enfin à un monde du travail jusque-là totalement invisibilisé. Un intérêt intéressé. Depuis, rien. Ou presque.

Ni les pouvoirs publics ni les entreprises privées n'ont respecté leurs engagements. Les caractéristiques de ces métiers sont pourtant connues. Mal rémunérés, majoritairement féminins, des horaires décalés, des temps partiels imposés… Dans plusieurs branches professionnelles, la révision des niveaux de classification est au point mort. La capacité d'agir sur les conditions de travail est réduite. L'accès à la formation professionnelle et aux dispositifs d'accompagnement des salariés dans la construction de leur parcours, quasi nul.

Ces salariés, maladroitement qualifiés de « seconde ligne », souvent employés dans des entreprises de sous-traitance, n'ont malheureusement que très peu de perspectives d'évolution ou de meilleure reconnaissance. La force des témoignages réunis dans ce livre réside dans la description d'un quotidien de salariés qui évoluent dans l'ombre. Ce sont les mots de Lazhare, de Céline, de Yann ou de Béatrice. Ils parlent de fierté, de la peur d'être touchés par la maladie, de mépris, de dignité, de discrimination, de la force du collectif… Ces mots, ce sont ceux du syndicalisme. Ceux d'une CFDT qui, par son action dans les entreprises, dans les branches professionnelles, sur les territoires, bouscule l'ordre établi et les situations de travail figées. À chaque témoignage, la Fédération des Services de la CFDT apporte une revendication, un décryptage des enjeux. Cette capacité à partir du réel pour améliorer le quotidien, c'est notre marque de fabrique. Une marque de fabrique CFDT dans laquelle les travailleurs et les travailleuses se reconnaissent. Ce livre en est la parfaite illustration.

Introduction

Véronique Revillod,
secrétaire générale de la Fédération des Services CFDT

En 2018, la Fédération des Services de la CFDT décide, dans le cadre de ses travaux sur la sous-traitance, de mettre en lumière les travailleurs dits « invisibles » par une exposition de portraits. Ces portraits de femmes et d'hommes au service quotidien de l'ensemble de la population sont, pour une fois, exposés, afin de rendre les invisibles enfin visibles.

Puis la crise covid a éclaté, positionnant les soignants en première ligne, et les travailleurs essentiels, dits à l'époque « de seconde ligne », en courroie de transmission nécessaire pour assurer les services essentiels : maintien de l'hygiène (majeure en cette période), garantie de la sécurité des biens et des personnes, de l'approvisionnement en nourriture et en articles essentiels dans la grande distribution, continuité du soin aux plus fragiles et aux personnes dépendantes à domicile, approvisionnement quotidien en équipements médico-techniques nécessaires au maintien à domicile des plus fragiles.

Tous ont été applaudis, admirés, mais aussi parfois rejetés par crainte de contamination. Tous se sont investis avec fierté et parfois dans la peur. Fiers d'exercer une mission de la plus haute importance, celle de protéger la population face à la menace sanitaire et aux incivilités.

Un sentiment de révélation assez partagé s'est immiscé : rien ne pourrait continuer comme avant. Ces emplois déjà mal payés, mal considérés, aux conditions de travail dégradées, allaient devoir être pris en considération.

La question du sens du travail et la mission d'utilité publique était motrice de leur engagement

La grande fragilité de notre système de santé a eu pour conséquences les confinements prolongés. Le Ségur de la Santé est venu apporter quelques réponses aux soignants. Mais qu'en a-t-il été pour les travailleurs des services ? Agents d'entretien des hôpitaux, agents de sécurité, employés de la grande distribution, aides à domicile, agents du médico-technique ou de la restauration collective, assistantes maternelles, qui, au péril de leur vie, ont assuré la nôtre.

Ces métiers ont été répertoriés précisément par le rapport « Reconnaissance et valorisation des travailleurs de la deuxième ligne » rapportée par mesdames Christine Erhel et Sophie

Moreau-Follenfant. Ce rapport avait pour mission de définir, en lien avec les partenaires sociaux, l'ensemble des critères qui qualifient les travailleurs de la « deuxième ligne ». Ces travailleurs devaient répondre à deux critères : avoir été en activité pendant la période la plus restrictive du confinement et avoir été en interaction avec des collègues ou du public.

Malgré l'initiative du ministère du Travail sur le sujet dès 2021 et le rapport sur les travailleurs dits « de seconde ligne », dont les constats étaient édifiants, très peu de choses ont évolué.

La dégradation des rémunérations s'est même accentuée en raison de l'inflation galopante, et les conditions de travail n'ont pas fait l'objet de négociations, malgré les appels incessants des organisations syndicales.

Début 2022, deux mobilisations rassemblant des milliers de travailleurs essentiels et mettant en exergue la large féminisation de ces emplois furent organisées. L'une d'entre elles s'est tenue sur l'esplanade du Panthéon avec pour slogan : « Aux essentielles la patrie reconnaissante ». La couverture médiatique fut forte et le silence patronal lourd.

Courant 2023, dans les cortèges de manifestants rassemblés autour de la problématique réforme des retraites, les travailleurs essentiels sont très nombreux et la colère est palpable. Elle ne sera pas entendue.

Alors quelles leçons peut-on tirer de ces cinq ans d'errements ?

Ce recueil vous propose de parcourir les destins de femmes et d'hommes qui n'oublieront jamais ce qu'a été leur mission et combien, hors crise, leur mission reste essentielle mais surtout invisible.

Dans sa forme, il propose de chausser quatre paires de lunettes successives autour de quatorze thèmes caractéristiques de leur situation pour en percevoir quatre visions :

• Cyril Entzmann, photographe, a saisi les portraits de chacun de ces travailleurs essentiels pour rendre visible ces invisibles mais surtout incarner des réalités fortes.

• Ensuite, nous avons souhaité leur donner la parole, en première personne, car personne n'exprime mieux qu'eux le ressenti qui est le leur en 2025.

• Notre fédération propose ensuite une mise en perspective des enjeux qui se cachent derrière une telle situation.

• Enfin, pour chaque thématique, un grand témoin spécialiste ou un observateur qui ont décortiqué la situation de ces travailleurs dans le cadre de leur activité professionnelle posera son rapport d'étonnement, nous invitant à faire un pas de côté pour comprendre en profondeur ce qui s'y joue.

Votre regard sera peut-être interpellé par le fait que seuls les prénoms des témoins apparaissent. Il s'agit d'une volonté d'anonymat de la plupart d'entre eux. Nous avons fait le choix de la respecter et nous saluons leur courage. Ce sont des professions où l'humilité et la discrétion sont de mise ; ne négligeons pas la réalité de la peur des représailles de certains employeurs dont les pratiques sont malheureusement connues. Cet anonymat vous permettra aussi de vous glisser, ou de glisser vos enfants, dans leurs tenues de travail l'espace d'un instant pour entrevoir l'avenir que vous souhaitez à ceux-là.

Ce livre est celui dont vous pouvez devenir le héros ou l'héroïne, en jouant votre partition pour un avenir meilleur pour chacun mais surtout pour tous.

Les témoignages de ces salariés rassemblés dans cet ouvrage seront remis à un large panel de décideurs que nous enjoindrons à l'action immédiate pour que la situation économique mais aussi les conditions de travail, de formation de ces professionnels engagés et dévoués, ceux que d'autres appelleront « la France qui se lève tôt », évoluent enfin.

Pour qu'ils renouent avec le pouvoir de vivre dignement de leur travail.

Rendons hommage à leur incroyable mobilisation, à l'image de la fierté qu'ils ont au quotidien à exercer, dans l'ombre, le service de tous, en faisant connaître et en partageant leur histoire.

Mais avant tout passons, chacun à l'échelle de nos capacités respectives, à l'action.

La reconnaissance financière doit être structurée, les conditions de travail améliorées et cela commence dès le « bonjour » que vous n'oublierez plus de dire à l'agent de sécurité ou d'entretien que vous croisez au supermarché, dès le « merci » que vous distribuerez avec gratitude et conviction à celles qui nettoient votre lieu de travail ou vous servent un repas, les petits gestes qui faciliteront le travail de celui ou celle qui prend soin de vos chers petits ou règle votre appareil contre les apnées du sommeil : nos essentiels.

Le badge sans nom

SÉCURITÉ
SÉCURITE

Témoignage de Lazhare, agent de sécurité

« Je suis agent de sécurité depuis plus de quinze ans. Dès le début de ma carrière, j'ai bien ressenti que ce métier n'est pas considéré à sa juste valeur. Pourtant, nous sommes en première ligne pour veiller à la tranquillité et à la sécurité de tous dans les espaces publics et les entreprises.

Dans la tête de beaucoup de gens, nous sommes agents de sécurité parce que nous n'avons pas fait d'études, parce que nous n'avons pas de formation. En réalité, nous devons suivre des formations obligatoires et obtenir une carte professionnelle qui est délivrée par le Conseil national des activités privées de la sécurité privée (CNAPS). Aux yeux des autres, nous ne sommes pas grand-chose, notre métier ne fait pas rêver, alors on s'en fiche de nous. Souvent, on nous regarde avec mépris, on nous croise avec indifférence. Nous veillons sur tous sans que l'on nous voie.

> On nous regarde avec mépris, on nous croise avec indifférence.

Cette image qui nous colle à la peau arrange bien nos patrons. Les contraintes et les risques de notre métier sont importants. Le salaire ne suit pas, et faire notre travail dans de bonnes conditions est de plus en plus compliqué. Debout toute la journée, en hypervigilance pour anticiper ou bien réagir en cas d'incident. Pour faire notre métier, il faut aussi accepter de travailler en horaires décalés, en journées discontinues, le soir, le week-end… pour des heures majorées de 10 % uniquement. Ce n'est pas un hasard si le secteur n'attire pas les candidats et que le turn-over est si fort !

Même pendant la crise sanitaire, on a très peu parlé de nous alors que nous avons été parmi celles et ceux qui n'ont pas arrêté de travailler. Nous avons été là, à faire notre boulot plusieurs semaines sans protection, sans masques. Nous allions au travail la boule au ventre, avec la peur de revenir à la maison avec le virus. Nous avons été à l'ombre des travailleurs essentiels applaudis sur les balcons. Et pourtant, nous étions plus que jamais là pour garantir la sécurité dans les centres commerciaux et les hôpitaux… Quand j'ai reparlé de cette période avec mes collègues, on s'est rendu compte que nous faisions tous la même chose avant de rentrer chez nous. On se changeait devant notre porte avant de rejoindre notre famille.

Cinq ans après, nous restons invisibles. Les premiers niveaux de salaire sont à peine au-dessus du SMIC et les conditions de travail toujours aussi difficiles. Pour moi, les métiers de la prévention et de la sécurité sont plus que jamais essentiels. L'actualité nous le montre et il va bien falloir que les employeurs s'engagent pour l'attractivité des métiers. »

Les enjeux

Véronique Revillod,
secrétaire générale de la Fédération
des Services CFDT

Être appelé par son nom ou son prénom semble être le degré zéro de la reconnaissance en entreprise. Pourtant, il faut bien se l'avouer, sur les plannings d'affectation, sur les badges, il n'est pas rare de voir écrit à la place du nom : Intérimaire 1, Intérimaire 2, Stagiaire, Apprenti, Prestataire de services, Personnel d'entretien, Agent de sécurité… Comme si le fait de ne pas avoir le même employeur effaçait toute humanité, de toute identité.

Cette différence de traitement percute l'insertion des sous-traitants et prestataires de services dans leur communauté de travail. Ce petit rien d'humanité reste un grand pas pour l'amélioration des rapports humains dans l'entreprise. Les badges, la plupart du temps nominatifs, qui permettent les accès, la restauration parfois ou le pointage, sont souvent anonymes pour ce personnel « de passage ». Ces détails n'en sont pas pour les salariés. Trouver un badge à son nom est un premier pas vers l'acceptation. De plus, ce personnel réalise bien souvent les tâches que personne dans l'entreprise ne souhaite effectuer, celles parfois qui requièrent le moins de compétences ou qui sont peu gratifiantes. L'absence de reconnaissance initiale prend alors un ton d'humiliation quand les salariés se disputent pour ne pas avoir à « gérer » l'intérimaire ou le stagiaire. Or l'entreprise peut être à l'inverse un merveilleux lieu d'insertion sociale et de reconnaissance par le travail. On peut, par le biais d'un passage même bref au cours d'une mission, se trouver séduit par un secteur d'activité, émerveillé par la conscience professionnelle de certains collègues, par la chaleur humaine d'une équipe qui prépare un casier disponible pour que chacun puisse ranger ses affaires dignement, n'aie pas besoin de réclamer pour obtenir un badge de restauration, une tenue de travail ou des équipements de protection individuelle.

Nul besoin d'être encadrant ou prescripteur pour faire un peu de place, offrir un peu de chaleur humaine et de reconnaissance à ces salariés, apprentis, agents d'entretien ou de sécurité et stagiaires. Il est à la portée de chaque salarié d'avoir un peu le souci de l'autre, *a minima* de l'appeler par son nom.

Le regard de
Denis Maillard,
philosophe politique

« Vous m'avez vu, mais vous ne m'avez pas regardé ! »

« Vous m'avez vu, mais vous ne m'avez pas regardé ! » Cette phrase prononcée par l'acteur Omar Sy introduit la série *Lupin,* dans laquelle celui-ci tient le rôle principal, celui d'Assane Diop. Fasciné par Arsène Lupin, le jeune Assane utilise tous les tours du *gentleman cambrioleur* pour réhabiliter son père, accusé d'un vol qu'il n'a jamais commis. Dans sa quête de justice, notre héros sait se rendre « invisible ». Pour cela, quoi de mieux que d'endosser le rôle d'un travailleur des services ? En effet, la série s'ouvre sur un Assane Diop agent de nettoyage au Louvre, lieu où il compte commettre un vol de bijoux. S'ensuit une scène impressionnante de salles vidées de leurs touristes où s'affairent durant toute la nuit les agents d'entretien contemplés uniquement par des tableaux qui semblent leur octroyer la même dignité qu'à n'importe quel visiteur. Puis la série se poursuit avec le même Assane, déguisé cette fois en livreur à vélo, subterfuge qui lui permet de se fondre dans la masse des livreurs pour échapper à la police... Pour passer inaperçu, rien de tel que d'être l'un de ces travailleurs que l'on voit sans les regarder et que l'on ne reconnaît pas, quand bien même on a toujours à faire à un individu à part entière cherchant à vivre dignement de son travail, qu'il s'agisse d'un livreur, d'un balayeur ou d'un colleur d'affiche – pour la promotion de la série, Omar Sy s'est en effet rendu dans le métro parisien habillé en colleur d'affiche sans que personne ne le remarque. Comprenons-nous bien : c'est le regard que l'on porte socialement et collectivement sur ces métiers et la place qu'ils occupent dans la nouvelle division du travail de l'économie de services qui entretiennent l'invisibilité : invisibilité du travail dans un entrepôt ou dans un bureau à nettoyer tard le soir, voire la nuit quand il s'agit de conduire pour arriver livrer au petit matin ; invisibilité de ces pénibilités morcelées aussi lorsqu'on se tient debout toute la journée, que l'on soulève ou tire cent fois de suite le même objet ou la même personne. Mais cette invisibilité est redoublée aussi par l'uniforme ou le vêtement de travail, qui rendent toutes ces travailleuses et tous ces travailleurs substituables les uns aux autres. L'expérience du « badge sans nom » est du même ordre : bien que « plaçable » sur un planning, l'individu est remplaçable à tout moment, interchangeable ; jamais irremplaçable, ce qui est pourtant le signe de la singularité. Dans ce que j'ai appelé le « *back office* de la société de services » – cette infrastructure de travail, matériellement essentielle mais socialement invisible permettant à une société « orientée client » de se poursuivre dans la durée –, la conjugaison de la posture debout et d'un vêtement de travail (blouse, uniforme ou gilet jaune) et d'une cadence de travail rythmée par un logiciel marquent plus que tout l'invisibilité sociale : à quoi bon alors identifier la femme ou l'homme qui travaille là par un badge à son nom ? Tel est pourtant le premier enjeu de la dignité au travail : être nommé.

La délicate question des salaires

Témoignage d'Ibtissam, responsable de site dans une entreprise de nettoyage

« Je suis responsable de site d'une entreprise de nettoyage. Je travaille dans un hôpital de la région parisienne. À l'époque du covid, j'étais chef d'équipe.

On a tous vécu la même galère, nous avons été exposés plus que les autres au risque de contamination. Pour protéger les malades, les soignants, tout le monde. Et au début de la crise, nous l'avons fait sans gants, sans masques, sans aucune formation, sans aucune communication.

Nous avons été essentiels à la lutte contre la pandémie, et quelle reconnaissance avons-nous ? Aucune.

> On est fiers de notre métier mais on galère !

Imaginez qu'il n'y ait eu personne pour nettoyer et désinfecter les espaces de santé, les commerces de première nécessité. Imaginez si personne ne nettoyait les métros, les gares, les hôpitaux, les restaurants, les bureaux…

Sans nous, les agents du nettoyage, tous ces lieux seraient sales et insalubres. On est fiers de notre métier mais on galère !

Nous sommes les invisibles de votre vie quotidienne.

On travaille très tôt ou tard le soir pour ne pas déranger, on a souvent plusieurs employeurs pour boucler les fins de mois. Sans parler du côté pénible de notre métier. Pour bien faire notre boulot, on travaille dans des positions inconfortables, on répète les gestes. On se penche, on se baisse, on est exposés à des produits chimiques.

En fin de carrière, notre corps est abîmé, nous sommes usés.

Nous remercier avec de belles phrases, ce n'est clairement pas suffisant. »

Les enjeux

Sylvain Macé,
secrétaire national de la Fédération des Services CFDT

Que ce soit dans les branches ou dans les entreprises, les grilles de salaire des travailleurs essentiels des champs professionnels de la fédération restent toujours à la peine. Pas de reconnaissance en la matière.

Plusieurs fois rattrapées par le SMIC, freinées par des employeurs qui se livrent une concurrence mortelle (commerce) ou qui subissent des appels d'offres intenables (prévention sécurité, nettoyage, etc.), les rémunérations ne risquent pas de s'envoler !

Comme si cela ne suffisait pas, les entreprises qui avaient mis en œuvre des accords d'entreprise plus favorables que la branche font tout pour les dénoncer par le biais d'un stratagème qui semble échapper à l'attention du législateur et des pouvoirs publics.

Il s'agit de détourner de son usage l'article L1224-1 du code du travail qui encadre les conséquences d'un transfert d'entreprise ou d'activité sur les contrats de travail.

Ainsi, lors du passage en franchise ou location-gérance de magasins, d'hôtels, de restaurants ou d'établissements de restauration rapide, les accords en vigueur disparaissent au bout de quinze mois. Et bien sûr, les négociations qui suivent la fin des avantages sociaux produisent rarement plus que les minimas.

Les dispositions ainsi perdues ne concernent pas les grilles de salaire mais impactent tout de même le pouvoir d'achat des salariés concernés (majoration des heures de nuit, du travail du dimanche, primes de transport, de salissure, monétisation RTT, CET, etc.).

De plus, la fragmentation en unités, supposées indépendantes, des établissements d'une même enseigne constitue un frein important aux dispositifs de partage de la valeur comme les accords de participation, d'intéressement et, d'une manière générale, tous les mécanismes d'épargne salariale (PEG, PER).

Pour les entreprises de la prévention sécurité et du nettoyage, ce sont les dispositions de transfert conventionnel (annexe 5 ou 7) des conventions collectives qui s'appliquent. En matière de maintien des avantages, ils sont encore moins favorables (et pas seulement en matière de pouvoir d'achat), puisque ceux-là disparaissent immédiatement.

À l'origine, ces mécanismes, qu'il s'agisse de la loi ou des annexes aux conventions collectives, étaient censés protéger les salariés. Les salariés ne pouvant refuser le transfert sans risquer une démission ou un licenciement, ils deviennent prisonniers d'un système qui, mécaniquement, les appauvrit.

Il est urgent de réviser ces dispositifs pour mettre fin à ces dérives et rétablir une véritable protection du pouvoir d'achat des salariés transférés.

Le regard de
François-Xavier Devetter,
économiste et chercheur à l'IRES

Au cœur de la vie sociale mais toujours à la marge du marché du travail, des salariés essentiels mais sous-payés

C'est désormais une banalité de rappeler combien certains travailleurs des services, bien souvent des femmes, sont à la fois essentiels à la vie économique et sociale, et largement invisibilisés et peu considérés. Ce manque de reconnaissance est notamment observable dans les logiques de rémunération. Si les « travailleurs à bas salaires » et les « essentiels » sont deux catégories théoriquement indépendantes, les recoupements sont trop nombreux pour être de pur hasard. Aides à domicile, assistantes maternelles, employés du commerce, agents d'entretien sont ainsi à la fois les principales professions exposées au risque de pauvreté et de précarité, et à avoir été confrontées au virus pendant la crise sanitaire.

Pour une majorité de salariés de ces métiers, les rémunérations mensuelles n'atteignent pas le niveau d'un SMIC à temps plein (1 350 euros en 2023) et ne permettent pas de vivre décemment. À titre d'illustration, rappelons le salaire mensuel net médian de quelques professions (selon l'enquête emploi de 2023) : environ 1 000 euros pour les ouvriers du nettoyage, les aides à domicile et les assistantes maternelles, 1 300 euros pour les employés de la grande distribution… Cette situation provient du cumul de durées de travail réduites et de salaires horaires bas. Mais ces deux caractéristiques n'ont rien d'incontournable ou de « naturel ». Elles s'ancrent, l'une et l'autre, dans le manque de reconnaissance dont sont victimes ces métiers.

En effet, si les métiers des services sont très fortement exposés au temps partiel, ce n'est que minoritairement en raison du choix des salariés. Ces faibles durées sont non seulement subies mais très souvent associées à une emprise importante du travail sur la vie quotidienne : les salariés commencent tôt leur journée de travail et la terminent tard… mais une partie de la journée n'est pas considérée comme travaillée car il ne s'agit pas d'heures de production directe ou considérées comme telles par les employeurs : déplacements, récupérations, inactivités imposées, etc., sont le lot commun des travailleurs du commerce, du nettoyage ou des services à la personne. En moyenne, le temps décompté comme travail et rémunéré en tant que tel représente moins de 70 % de la journée de travail (contre 84 % pour l'ensemble des salariés): c'est 1/5e du temps contraint par le travail qui échappe à toute rémunération.

Parallèlement à cette vision très restrictive du temps travaillé, ces métiers sont confrontés à des salaires horaires très bas, collés au SMIC (quand ils ne sont pas l'objet d'une dérogation à ce minimum, comme pour les assistantes maternelles...). Là aussi, cette faiblesse s'inscrit dans un déni de la complexité des fonctions exercées: les pénibilités qui justifieraient des compensations tout comme l'importance des compétences mises en œuvre sont invisibilisées, notamment en raison de leur apparente proximité avec des tâches domestiques; ces réalités s'inscrivant évidemment dans des inégalités de genre assez systémiques.

Contrairement aux promesses qui avaient été faites durant la crise sanitaire, la situation n'a pas réellement changé. Bien peu de ces salariés ont bénéficié de primes ou de revalorisations réelles. Le cas des aides à domicile et des agents d'entretien est à ce titre emblématique: seuls ceux qui relevaient de l'emploi public (agent des services hospitaliers) ou du secteur médico-social à but non lucratif ont pu percevoir des augmentations légèrement plus fortes que l'inflation. Ce constat rappelle aussi les dangers et les coûts pour les salariés des privatisations et de l'externalisation : au cœur de la vie sociale, ils et elles sont trop à la marge du marché du travail, cantonnés dans des emplois sous-traités et maltraités. Leur revalorisation passe également par une meilleure prise en compte de leur situation par l'ensemble des acteurs (clients, usagers, donneurs d'ordres, etc.) qui bénéficient de leurs services.

Les transferts de contrat

Témoignage de Céline, cuisinière en restauration collective

« Je suis cuisinière, responsable de préparation dans une entreprise de restauration collective. Nous sommes prestataire de services pour de grandes associations sociales, de grandes entreprises, des crèches et des institutions comme les mairies, pour les écoles et les centres communaux d'action sociale. Notre activité dépend des appels d'offres et des attributions des marchés. Quand notre entreprise perd un marché, cela peut avoir des répercussions sur notre emploi.

> Je ne comprends pas pourquoi on nous ignore, pourquoi on nous méprise.

Notre contrat de travail est transféré à l'entreprise titulaire du marché parce que la reprise du personnel est obligatoire sauf pour le gérant. On change d'employeur. Sur le papier, c'est bien, mais, dans la réalité, on ne sait jamais à quelle sauce on va être mangé.

Si on décide de rester dans notre entreprise, une recherche pour un reclassement… quand il y a des postes disponibles. Seule une minorité est reclassée. Bien souvent, les postes proposés sont dans le médico-social, où l'on travaille en coupure et les week-ends. Tout est fait pour que les employés avec de l'ancienneté partent à la concurrence pour embaucher des jeunes au SMIC. Si on ne souhaite pas rejoindre la nouvelle entreprise et qu'il n'y a pas de poste disponible, on est obligé de démissionner.

Pendant le premier confinement, au moment du covid, on nous a demandé de continuer à travailler. Nous devions par exemple préparer les repas pour les CCAS. On n'a pas eu le choix, on a eu peur.

Nous n'avions pas les plexiglas au niveau des caisses pour les restaurants d'entreprise dans les premiers temps, il est même arrivé que des équipes entières attrapent le covid en même temps parce que les protocoles n'étaient pas respectés.

Cela a été une période très difficile, mais d'un autre côté on s'est sentis tellement utiles ! Comment feraient les seniors isolés sans nous ?

Mon métier, je l'aime et j'en suis fière. Il est noble et tellement important dans la vie quotidienne de tous les Français. Pour nourrir les écoliers, les malades, les personnes âgées…

Je ne comprends pas pourquoi on nous ignore, pourquoi on nous méprise, pourquoi il n'y a pas d'efforts pour mieux reconnaître ce que nous faisons, pourquoi rien n'est fait pour obliger les entreprises à mieux considérer leurs salariés.

Ce manque de considération est tellement injuste. C'est d'ailleurs bien pour cela que je me suis engagée dans un collectif syndical.

Je ne veux pas céder à la colère ou à la désespérance, je préfère agir. »

Les enjeux

Véronique Revillod,
secrétaire générale de la Fédération
des Services CFDT

La vie des entreprises nécessite parfois l'évolution de leur structure juridique et économique. Qu'il s'agisse de prestation de services, de changement de propriétaire, de passage en franchise, de cession de contrat ou d'externalisation d'activités, le devenir des salariés passe la plupart du temps au second plan.

Malgré une veille sensible des inspections du travail, l'employeur peut changer du jour au lendemain sans que les salariés en soient correctement informés.

Mais au-delà de ces aspects pratiques, la pérennité de leur emploi se trouve immédiatement remise en question. La nature même du travail et son organisation auront des conséquences très concrètes sur la qualité des conditions de travail. Certains salariés nous indiquent découvrir qu'ils ont changé d'employeur quand les produits changent sur le chariot de nettoyage. Et c'est rarement pour une amélioration.

Ces transferts de contrat, par nature compliqués, se sont multipliés depuis la crise covid, avec de nombreux passages en franchise, des pertes de marché et des externalisations qui fracturent le cadre de la communauté de travail et causent une perte de repères conséquente pour les salariés.

Comment retrouver des repères dans un univers aussi mouvant ? De nombreux salariés nous l'expriment très clairement : ils ne savent plus quelle est la raison d'être de l'entreprise, cela porte atteinte au sens du travail et érode la question du lien. Dans leur expression, savoir pour qui ils travaillent reste un marqueur profond de l'engagement professionnel. Trouver des repères passe avant tout par la question du lien humain et de la communauté de travail. Or, souvent, seule la question économique est abordée et sert d'unique argument qui devrait tout justifier.

Comment un salarié inscrit sa « petite histoire », celle de son engagement quotidien et contributeur majeur à la valeur ajoutée, dans la « grande histoire » économique ? Cette question tutoie aussi celle de l'identité professionnelle avec le sentiment particulier d'être « vendu avec les murs ». Qu'est-ce qui fait alors entreprise ? Les salariés font-ils davantage partie de l'identité que le patron ?

C'est la manifestation également du risque de sous-traitance en cascade de la prestation de services et, sur ce point, la crise covid a rendu les zones de risques plus visibles, mais qu'en avons-nous fait ? Risque juridique, sanitaire, éthique… Le transfert des responsabilités pour protéger les intérêts de l'entreprise interroge systématiquement les salariés : cela va-t-il s'assortir d'un recul sur la prévention des risques professionnels ?

La continuité de l'accompagnement syndical reste malgré tout un repère solide mais ce dernier se voit souvent amputé de ses moyens légaux et financiers : plus de représentation collective, plus d'accords d'entreprise et une perte d'avantages sociaux. Malgré un CDI réputé protecteur, parfois toujours sous la même enseigne, portant le même gilet, réalisant les mêmes tâches, le travail et ses conditions pour le salarié sont-ils toujours les mêmes ?

Le regard de
Marc Robert,
avocat et professeur de droit

Les travailleurs essentiels au fonctionnement de la société

La pandémie a montré au grand public que beaucoup de métiers de services sont essentiels au fonctionnement des autres métiers et ainsi au fonctionnement de la société elle-même.

La société a alors remarqué l'importance de ces métiers mais elle a, dans la même réflexion, constaté un trait de caractère important des métiers de services que jusque-là elle ignorait plus ou moins volontairement : ils sont principalement constitués par les compétences, les connaissances des lieux, des procédures, des savoir-être, des savoir-faire et les qualités de chaque être humain qui réalise sa fonction.

Une chose toujours méconnue du grand public est que beaucoup de ces métiers de services ont été externalisés (la propreté, le nettoyage, la sécurité privée…) et sont à ce jour sous-traités via des marchés conclus pour des durées plus ou moins longues.

Chaque entreprise renégocie et/ou réalise des appels d'offres périodiques pour renouveler ou changer ses prestataires de services.

Les salariés essentiels sont donc en grande partie salariés de sociétés prestataires de services qui gagnent et qui perdent de nouveaux marchés tous les ans.

En Europe et en France, lorsqu'une entreprise est rachetée (d'une manière ou d'une autre), la réglementation protège les salariés contre la tentation que pourrait avoir un repreneur de ne pas reprendre tous les salariés ou de renégocier (à la baisse ?) les contrats de travail des salariés.

L'article L1224-1 CT prévoit que « *Lorsque survient une modification dans la situation juridique de l'employeur, notamment par succession, vente, fusion, transformation du fonds, mise en société de l'entreprise, tous les contrats de travail en cours au jour de la modification subsistent entre le nouvel employeur et le personnel de l'entreprise* ».

Lorsqu'une entreprise est revendue, le nouvel employeur doit donc reprendre l'ensemble des salariés qui travaillent dans l'entreprise.

À lire cet article, on remarque immédiatement qu'il s'applique sans discussion aux cas où il existe un lien de droit entre l'ancien et le nouvel employeur : il y a un acte juridique entre l'ancien et le nouvel employeur.

La lettre de ce texte pouvait poser une grande difficulté en cas de passation de marché car, dans ce cas, l'entreprise qui est choisie pour reprendre un marché (de propreté, de sécurité privée…) n'a pas de lien juridique avec l'entreprise qui a perdu le marché : ce n'est pas l'entreprise de services qui est reprise par une autre entreprise de services.

On remarque alors que les travailleurs essentiels ne sont pas qu'essentiels pour le fonctionnement de la nation, ils sont avant tout essentiels pour le fonctionnement de leurs entreprises : seuls les salariés qui étaient déjà en prestation de services connaissent les règles, les lieux et les habitudes du client…

En conséquence, un repreneur de marché ne pourrait que très difficilement reprendre un marché sans reprendre une partie des salariés qui étaient affectés sur le marché et qui connaissent où, quand et comment se réalisent les prestations.

Le transfert des salariés (ou d'une part significative des salariés) est donc indispensable à la réalisation du transfert de marché en cas de perte de marché.

Cela a deux conséquences :

Premièrement, plusieurs branches professionnelles ont organisé un transfert conventionnel des contrats de travail en cas de transfert de marché.

Deuxièmement, une évolution de la jurisprudence relative aux critères d'application de l'article L1224-1 du code du travail a été nécessaire : le transfert des contrats de travail organisé par cet article est obligatoire chaque fois que l'on peut identifier le transfert d'une entité économique autonome qui se définit comme « un ensemble organisé de personnes et d'éléments corporels ou incorporels permettant l'exercice d'une activité économique qui poursuit un objectif propre ».

Le droit a découvert avant la pandémie que, dans les métiers du service, ce qui fait une entité économique autonome, ce ne sont pas seulement les machines et le matériel mais bien avant toute chose les êtres humains qui savent où, quand et comment on fait le métier.

Aujourd'hui le transfert automatique des contrats de travail impose trop souvent aux salariés de voir leur contrat de travail transféré depuis une entreprise prospère qui existe depuis de nombreuses années durant lesquelles les conditions de travail des salariés ont été négociées dans des accords collectifs d'entreprise vers une entreprise nouvelle dans laquelle il n'existe ni accord collectif ni parfois de représentant du personnel.

Les travailleurs du service ne sont donc ni pratiquement ni humainement interchangeables.

Comme souvent c'est l'œil de l'observateur qui décide où doit se poser le regard, et la pandémie a obligé les observateurs que nous sommes à regarder ces femmes et ces hommes dont le travail peut parfois consister à ne pas être visibles pour ne pas déranger le travail des autres.

Il a fallu une crise pour forcer le regard de tous à observer et à prendre conscience de l'importance de ces hommes et de ces femmes, mais également à prendre conscience de leurs conditions de travail.

Il a fallu une crise pour leur promettre que « maintenant que l'on sait », on ne les oubliera pas.

La promesse leur a été faite que maintenant que la société avait pris conscience de leur importance, on les traiterait avec plus de respect, on leur offrirait de la reconnaissance pour leur travail : aujourd'hui nous savons que leur travail, c'est la présence invisible.

Renvoyer ces femmes et ces hommes à l'oubli après avoir reconnu leur importance et après leur avoir fait des promesses serait du véritable mépris.

Protection sociale :
cap sur la solidarité et l'efficacité

Témoignage de Béatrice, assistante maternelle

« Je suis assistante maternelle du particulier employeur depuis seize ans. Nous ne sommes pas de simple "nounous" au sens historique du terme mais de véritables professionnelles de la petite enfance. Nous avons beaucoup de responsabilités : accueillir, éveiller et prendre soin des enfants des autres, dans notre domicile personnel ou en MAM (maison d'assistants maternels).

Nous sommes soumis à un agrément délivré pour une durée de cinq ans par notre conseil départemental. L'agrément étant véritablement notre « permis » de travailler. À chaque déménagement ou tous les cinq ans, nous vivons le stress du renouvellement de notre agrément. Il faut renvoyer un dossier complet au moins trois mois avant la fin du précédent agrément puis des évaluateurs viennent contrôler nos compétences mais aussi notre domicile. Ils peuvent imposer des aménagements, des achats de nouveaux matériels. Ces demandes outrepassent parfois les préconisations du référentiel national…

> Ceux qui ont le pouvoir de décider ou de faire bouger les choses nous oublient.

La période du covid a été très difficile à vivre et stressante, c'était la croix et la bannière pour obtenir les bonnes informations et les consignes. Il y a eu une multitude de protocoles, de nouvelles obligations qui s'enchaînaient, les unes après les autres et quelquefois tardivement, et parfois de façon contradictoire.

On nous a dit dans un premier temps de ne pas travailler puis on nous a demandé d'accueillir davantage d'enfants. Des enfants de travailleurs essentiels… On a dû gérer aussi les craintes de notre famille.

Des assistantes maternelles ont pu garder jusqu'à six enfants en plus de leurs propres enfants qui n'avaient pas école. En temps normal, nous ne sommes autorisées à garder que quatre enfants au maximum simultanément, et ça, seulement si notre domicile répond aux conditions requises. En période de covid, il suffisait d'informer les services compétents. Il n'y avait pas ou peu de contrôles, nos agréments étaient renouvelés tacitement alors qu'habituellement notre métier est très encadré pour la sécurité des enfants. Heureusement que nous sommes des professionnelles de la petite enfance et que nous aimons notre métier !

Tout le monde le sait bien mais on ne le dit pas assez fort. J'ai l'impression qu'on fait tellement partie du paysage que même tous ceux qui ont le pouvoir de décider ou de faire bouger les choses nous oublient, peut-être en se disant: "De toute façon elles seront toujours là." Sauf qu'à force de nous ignorer, nous sommes de moins en moins nombreux et nous manquons d'assistantes maternelles.

Les assistantes maternelles sont centrales dans la vie des enfants et des familles. Nous permettons aux parents d'aller travailler et donc à leurs entreprises de fonctionner. Pendant le covid, nous étions là, même s'il fallait rallonger les journées pour désinfecter chaque jour notre domicile sans fourniture de produits d'hygiène et sans rémunération pour la charge supplémentaire. Nous avons gardé notre porte ouverte.

On ne demande pas une médaille pour bons et loyaux services. On demande qu'enfin une juste reconnaissance nous soit accordée ! »

Les enjeux

Stéphanie Dayan
secrétaire nationale de la Fédération des Services CFDT

La protection sociale est un pilier du modèle social français. Pourtant, sous l'effet des crises successives (sanitaire, économique, énergétique), elle subit des tensions inédites qui fragilisent les droits des salariés. La protection sociale doit rester un bien commun, fondé sur la solidarité intergénérationnelle et professionnelle.

Le gouvernement multiplie les réformes (réduction des IJSS, hausse des franchises médicales, durcissement des règles chômage…) qui pèsent directement sur les assurés. Cela interroge la capacité du modèle actuel à répondre aux besoins des travailleurs, marqué par la précarisation et l'accroissement des risques psychosociaux.

La crise sanitaire l'a montré : ce sont souvent les travailleuses et travailleurs dits « essentiels » – aides à domicile, caissières, agents d'entretien… – qui sont les plus exposés tout en étant les moins protégés. Aujourd'hui encore, dans plusieurs branches, ces salariés n'ont aucune couverture complémentaire en cas d'arrêt maladie. Résultat : nombre d'entre eux n'osent pas s'arrêter quand ils le devraient, faute de pouvoir assumer une perte de salaire. Avec les seules indemnités journalières de Sécurité sociale (IJSS), c'est à peine la moitié du salaire qui est versée… Une situation inacceptable.

Prenons le cas concret des services à la personne : cette branche, largement féminisée et essentielle pour des milliers de familles, reste dépourvue de garantie collective en cas d'arrêt maladie.

Conséquence : quand ces salariées tombent malades, elles continuent souvent à travailler faute de pouvoir se permettre une perte de revenu, aggravant leur état de santé. Au final, cela engendre des coûts plus lourds pour la collectivité (arrêts prolongés, hospitalisations…). En 2025, toutes les branches doivent s'emparer du sujet et garantir une véritable protection des travailleuses et travailleurs essentiels.

Face à ces enjeux il est essentiel de faire avancer les questions suivantes :

- un accès renforcé aux droits pour tous les salariés, notamment les précaires et saisonniers ;
- des régimes de prévoyance et de santé négociés par les partenaires sociaux, garants d'une couverture solidaire ;

• une meilleure articulation entre santé au travail et protection sociale, avec une réelle prévention des risques ;

• la revalorisation des rentes d'invalidité et des prestations en phase avec le coût de la vie ;

• des mesures fortes contre le non-recours aux droits, en simplifiant les démarches.

La protection sociale n'est pas un coût mais un investissement : elle protège, soutient la consommation et renforce la cohésion sociale. La négociation collective doit rester au cœur du système.

Le regard de

Bruno Palier,

directeur de recherches au CNRS à Sciences Po

Reconnaître enfin la valeur des emplois essentiels et des personnes qui les occupent

Pendant les confinements de 2020 et 2021, la contribution de certaines professions, alors dénommées « essentielles », a été soulignée. Sans elles, notre économie et notre société ne peuvent tout simplement pas survivre. Cependant, ces professions « essentielles » (de la santé, du soin, de la sécurité, du nettoyage, du commerce, de la logistique, des transports, de l'agriculture, de l'énergie, de l'eau, etc.) sont le plus souvent des professions mal rémunérées, précaires et mal protégées, et qui le sont restées après 2020, alors que leur importance avait sauté aux yeux de tous. Les débats engendrés par la réforme des retraites de 2023 ont mis en lumière les conditions dégradées de certaines professions féminisées, précarisées, aux carrières hachées, souvent ignorées : celles des services aux autres. D'une façon plus générale, la colère exprimée au printemps 2023 lors des mobilisations contre cette réforme des retraites a partie liée avec le sentiment de manque de reconnaissance des difficultés mais aussi de l'apport collectif de nombreuses professions. Ces professions, qui représentent près du tiers des emplois, constituent aujourd'hui une part grandissante des créations d'emploi. Elles sont « essentielles », mais restent mal rémunérées et souffrent de mauvaises conditions.

Comment expliquer que des fonctions aussi essentielles que celles occupées dans les infrastructures de services, les services aux autres, y compris l'éducation et la santé, soient si mal rémunérées et occupent si souvent des emplois particulièrement précaires ?

Nous avons montré ailleurs que chacune des séquences historiques ponctuant le développement de ces emplois a contribué à la moindre protection et rémunération de ces emplois labellisés comme « non productifs » dans la littérature économique sur le marché du travail. Beaucoup des services aux autres ont d'abord été fournis de manière informelle comme tâches domestiques accomplies par les femmes. Lorsque ces emplois ont été formalisés en lien avec l'entrée des femmes sur le marché du travail, ils ont été conçus comme typiques de la maladie de Baumol, qui diagnostiquait une incapacité aux gains de productivité des emplois de services. Les politiques de sous-traitance des entreprises qui s'accélèrent dans les années 1980 ont fait sortir nombre de ces emplois (aujourd'hui dits « essentiels ») hors du cœur d'activité de l'entreprise afin d'en réduire les coûts. Les politiques publiques ont ensuite cherché à multiplier les exonérations de cotisations sociales sur les bas salaires. Ces politiques ont cependant contribué à les enfermer dans une trappe à bas salaire et à moindre protection sociale. Enfin, la stratégie de compétitivité mise en avant en Allemagne comme en France depuis le début des années 2000 qui, pour garder des prix attractifs à l'export, cherche à maintenir au plus bas les coûts des emplois de services aux autres afin de fournir un environnement propice à la modération salariale. On comprend ainsi que ces métiers ont longtemps été dévalorisés par les économistes néoclassiques qui les considèrent comme non productifs et qu'ils ont subi des politiques de réduction des coûts qui les maintiennent au bas de l'échelle salariale. Le texte conclut sur les relations de domination que les structures du marché du travail et les politiques publiques ont mises en place dans ce que l'on appelle désormais l'économie de la connaissance.

Une nouvelle polarisation sociale se dessine au cœur de l'économie postindustrielle, parfois appelée l'économie de la connaissance : l'émergence d'une nouvelle classe supérieure, diplômée, bien rémunérée, vivant au cœur des grands centres urbains, et d'une classe de personnes à leur service, que ce soit pour faire leurs travaux ménagers ou fournir d'autres services domestiques, s'occuper de leurs enfants, leur prodiguer des soins personnels, les servir dans les restaurants, les conduire (en taxi, en voiture avec chauffeur ou en Uber) ou construire ou rénover leurs maisons.

Ces emplois dans les services aux autres ont été développés de façon à ce que leur coût soit le moins élevé possible. Une nouvelle fracture sociale se forme ainsi entre les travailleurs bien dotés en capital humain, bien rémunérés, et les travailleurs dits « non productifs », dont les emplois sont concentrés dans les services à la personne, services aux autres et services logistiques.

De même que les travaux féministes ont pu montrer qu'il ne pouvait y avoir de production sans reproduction, il faut ici souligner que la productivité des plus diplômés repose sur le travail invisible des « essentiels ». Les professions des plus diplômés (les « cerveaux », gagnants de la mondialisation et de l'économie de la connaissance) s'appuient sur le travail des personnes employées dans le secteur des services aux autres pour accroître leur productivité. En effet, la productivité des gagnants de l'économie de la connaissance ne tient pas qu'à leur seul cerveau et la puissance de leur ordinateur, mais aussi au fait qu'ils n'ont plus à « perdre de temps », à s'occuper de leur ménage, de leurs enfants, des autres, de leur transport ou de leur nourriture (livrée à domicile, servie au restaurant). Les politiques de baisse du coût du travail ont mis à leur disposition une escouade de « servants » les moins chers possible. Pour autant, seuls les « cerveaux » ont bénéficié d'une augmentation substantielle de leur rémunération, tandis que les autres ont vu leur revenu et leurs conditions de travail maintenus aussi bas que possible, rémunération cependant considérée comme encore trop élevée par de nombreux économistes…

Dans son adresse à la Nation du 13 avril 2020, Emmanuel Macron, après avoir souligné combien celles et ceux qui tiennent la France étaient si mal reconnus et rémunérés, citait la Déclaration des droits de l'homme et du citoyen selon laquelle « les distinctions sociales ne peuvent être fondées que sur l'utilité commune ». Il reprenait ces mots à son compte et promettait : « Ces mots, les Français les ont écrits il y a plus de deux cents ans. Nous devons aujourd'hui reprendre le flambeau et donner toute sa force à ce principe. » Mais pour ce faire, il faudra remettre en cause bien des politiques publiques, des certitudes académiques et des jugements de valeur. Il faudra notamment reconsidérer la façon dont nous évaluons la valeur et la productivité du travail, non pas seulement à l'aune de la productivité individuelle (si difficile à mesurer dans le cas des services), mais aussi à l'aune de leurs qualités propres et de leur utilité collective. Celle-ci s'est révélée au cours du premier confinement lié à la crise du Covid-19 pour de nombreux emplois, souvent jugés « non productifs » et « peu qualifiés », mais dont les fonctions sont alors apparues comme « essentielles ».

La communauté de travail

LPR

Témoignage de Yann, salarié de la grande distribution

« On a pris des risques tous les jours pendant la pandémie. Pour que chaque foyer accède aux produits de première nécessité. C'était il y a cinq ans et je m'en souviens très bien. On en parle encore avec mes collègues. On garde de cette période un grand sentiment d'injustice qui se transforme aujourd'hui en colère parce que nous sommes socialement maltraités.

> Un grand sentiment d'injustice qui se transforme en colère.

La charge de travail a été sans précédent. Nous n'étions pas du tout équipés pour nous protéger contre la pandémie. Le groupe dans lequel je travaillais a été très long à réagir, à mettre les moyens nécessaires pour nous protéger. Un jour, au début de la pandémie, on s'est retrouvés avec un stock de quinze masques pour quatre cents salariés… Les hôtesses de caisse étaient en larmes…

D'un côté, on avait des salariés morts de peur, de l'autre des hauts responsables du groupe qui ne pensaient qu'à une chose : le chiffre d'affaires. Ce que je dis n'est pas exagéré, c'est une réalité. On a souvent dû se débrouiller comme on pouvait, dans le stress et l'angoisse.

Malgré la fatigue et l'incertitude, nous avons assuré la continuité de service. Nous avons répondu aux besoins, souvent au détriment de notre propre bien-être.

C'était particulier de partir au boulot, de se dire que l'on est exposé à un virus alors que la majorité de la population est confinée. Je me revois rentrer chez moi, en passant par le garage pour me changer, pour éviter tout risque de contamination de mes proches.

On nous a dit que nous, salariés du commerce alimentaire, nous sommes essentiels, mais on attend toujours la reconnaissance que nous méritons. Il n'y a plus la pandémie mais nos conditions de travail se dégradent toujours plus, les équipes sont réduites. C'est le commercial au détriment de l'humain alors que c'est l'humain qui nourrit le commercial !

J'ai embrassé ce métier car, en 2019, tous nous disaient qu'il était essentiel.

Je suis jeune et je voulais être utile.

Je n'ai pas eu la chance de faire des études : ni en médecine, ni ailleurs.

Mon métier a été essentiel, car j'étais essentiel pour donner à manger contre de l'argent à la population.

Un métier essentiel se donne un avenir. Au sein de mon entreprise, moi, je ne me projette pas.

L'avenir est trop incertain. Essentiel hier mais demain, au regard de nos conditions de travail, qui le sera ? Pas moi. »

Les enjeux

Véronique Revillod,
secrétaire générale de la Fédération des Services CFDT

Dans l'imaginaire collectif, le lieu de travail est un espace collectif, de partage des pratiques et des savoirs, un lieu d'échanges et de liens. Le code du travail lui-même théorise assez précisément la communauté de travail sur un modèle industriel ou ouvrier avec des temps de pause et d'expression partagée.

Ces lieux d'interaction pendant la crise covid sont apparus tantôt comme des lieux de sociabilité féconde tantôt comme des lieux de potentielle contamination. Égaux devant le risque sanitaire sur le lieu de travail mais avec des pratiques et une culture du risque très différentes d'un salarié à l'autre, les salariés essentiels ont bravé un risque qui nous paraît aujourd'hui peut-être moindre mais dont la dangerosité était alors inconnue. Mais l'héritage principal : c'est qu'ils ont affronté les difficultés ensemble, à l'heure du repli sur soi et de l'individualisme.

En novembre 2023, une étude de la CFDT et de la Fondation Jean-Jaurès intitulée « La société idéale des Français » nous rappelle que le travail demeure un élément important dans la vie des citoyennes et des citoyens et qu'ils aspirent à une vie plus calme et plus apaisée. Et pourtant, les conflits interpersonnels et les incivilités au travail semblent croître dans leur violence.

Ce monde d'après ne serait-il pas encore à construire ?

Le lien est compliqué pour les salariés de la prestation de services : dispersés sur de multiples sites comme les agents d'entretien ou les agents de sécurité, parfois multi-employeurs ou isolés à leur domicile ou à ceux de leurs bénéficiaires : comme les assistantes maternelles, les auxiliaires de vie ou les agents du médico-technique. Comment partager son quotidien, ses succès, ses difficultés et trouver le soutien de ses collègues quand on ne les croise pas ? En l'état, les textes légaux ne suffisent pas à décréter comment on peut à nouveau se parler du travail, partager ses bonnes pratiques, développer la vision de son métier par un échange nourri avec ses pairs. Les modes de management sont aussi souvent basés sur la statistique de performance et la compétition entre les intervenants.

Mais c'est aussi élémentaire de pouvoir penser collectivement le travail entre travailleurs de la sous-traitance ou de la prestation de services et le personnel de la société donneuse d'ordres.

Prendre ce temps pour penser le collectif, c'est offrir de nouvelles perspectives de créativité et d'humanité. Encore faut-il s'en donner les moyens et considérer ce temps réflexif comme un véritable temps productif et constructif.

Le regard de *Mark Bergfeld, directeur chez UNI Global Union-Europa depuis 2018*

Reconstruire la communauté au travail : les leçons de la crise du Covid-19

La crise du Covid-19 et les mesures gouvernementales prises pour contenir le virus ont créé à la fois de nouveaux défis et de nouvelles opportunités pour renforcer la communauté au travail. D'une part, les mesures de distanciation sociale ont limité la possibilité pour les gens de se réunir à l'intérieur et d'organiser des réunions syndicales. Les syndicats ont connu des difficultés, leurs services, leurs activités de syndicalisation et leurs réunions ayant été transférés en ligne. En Allemagne, des lois draconiennes ont même interdit les rassemblements syndicaux. Dans le même temps, la pandémie a accéléré des tendances telles que le télétravail, la fragmentation du temps de travail, les emplois à distance et les contrats à durée déterminée. En conséquence, les gens ont passé encore moins de temps avec leurs collègues.

À mesure que la crise s'aggravait, les travailleurs considérés comme « essentiels » ont commencé à surmonter leur peur de la direction. En Norvège, les agents de sécurité ont organisé une grève de neuf semaines, la plus longue de l'histoire moderne du travail dans le pays. Aux États-Unis, les travailleurs ont commencé à s'organiser au sein de méga-entreprises telles qu'Amazon et Starbucks, connues pour leurs tactiques antisyndicales. La crise du Covid-19 a ainsi marqué un tournant, car le rôle des travailleurs dans la société a été repensé et leur sentiment de pouvoir collectif en tant que travailleurs essentiels a commencé à prendre forme.

Cela représente une rupture avec les quarante dernières années, au cours desquelles l'identité collective des travailleurs et les communautés professionnelles ont été érodées par une combinaison de politiques économiques et sociales. Ces changements ont approfondi les divisions au sein de la main-d'œuvre, entre les employés permanents et temporaires, les travailleurs migrants et autochtones, les employés du secteur public et le personnel externalisé.

Les gouvernements néolibéraux depuis les années 1990 ont imaginé que le sentiment de communauté autrefois forgé sur le lieu de travail, où les gens avaient des emplois stables, pouvait se reproduire spontanément ailleurs. Au Royaume-Uni, le New Labour envisageait un gouvernement qui se contenterait d'aider les individus à s'aider eux-mêmes grâce à des politiques encourageant des « communautés actives », ancrées uniquement dans des quartiers, conçues de manière mécanique. Cette vision de la communauté a supplanté le lieu de travail en tant que lieu de solidarité, remplaçant les luttes communes et la coopération quotidienne par des notions plus privatisées et individualisées de lien social.

Le taux de rotation élevé de la main-d'œuvre a contribué à l'érosion des communautés au travail. Lorsque les gens ne travaillent pas ensemble pendant longtemps, il devient difficile d'établir une relation de confiance ou de développer un sentiment d'appartenance commune. Contre toute attente, de nombreux travailleurs essentiels ont réussi à former des communautés en dehors de leur lieu de travail, ancrées dans leur pays d'origine, leur parcours migratoire ou leur quartier. Ces réseaux sont essentiels à leur survie, car ils leur offrent un soutien pour faire face aux dures réalités du marché. Le besoin d'une telle communauté n'a jamais été aussi grand.

Les multinationales et les politiciens d'extrême droite ont reconnu ce besoin. Aujourd'hui, les réseaux sociaux, qu'ils soient américains ou chinois, promeuvent l'entrepreneuriat, l'épanouissement personnel et le bien-être comme substituts à un véritable sentiment d'appartenance collective. Dans le même temps, les politiciens d'extrême droite exploitent la peur et la division pour construire leurs propres communautés en ligne et hors ligne. Ces messages trouvent un écho dans un contexte où l'État providence, les syndicats, les institutions de solidarité et les communautés ouvrières ont été systématiquement démantelés.

Les gouvernements, les partis d'extrême droite, le marché et les employeurs ne peuvent pas satisfaire pleinement le besoin profond de communauté des travailleurs. Malgré la logique dominante de la concurrence – entre les entreprises et entre les travailleurs –, la coopération reste essentielle pour accomplir le travail. Les lieux de travail demeurent l'un des rares espaces où des personnes d'horizons radicalement différents se côtoient régulièrement, ce qui rend le rôle des syndicats plus vital que jamais. Seuls les syndicats peuvent remettre en cause la logique de division et la remplacer par la coopération, la solidarité et un sentiment renouvelé d'appartenance à une communauté.

Les syndicats ont un rôle clé à jouer dans la reconstruction de la communauté et dans l'aide apportée aux personnes pour réinventer ce qui rend une vie bonne et pleine de sens. La reconstitution de la communauté doit faire partie du programme des syndicats. En 2013, j'ai écrit que « les syndicats doivent mettre la notion de "communauté" au premier plan s'ils veulent rester pertinents à l'avenir ». Cela reste tout aussi vrai aujourd'hui.

Santé et conditions de travail

DE SANTÉ

Témoignage d'Arnold, salarié dans le médico-technique

« Je travaille dans la prestation de services dans le domaine médico-technique, dans une entreprise prestataire de santé à domicile qui intervient pour tout ce qui concerne les dispositifs respiratoires dans cadre du maintien de l'hospitalisation à domicile et dans les EPHAD. Je suis technicien référent respiratoire. Je m'occupe de l'installation et du suivi des dispositifs médicaux pluridisciplinaires, au domicile des patients atteints de maladie respiratoire chronique comme l'apnée du sommeil et des pathologies plus sévères. Ces patients sont dépendants des dispositifs médicaux et pour certains présentent un haut risque vital.

On ne pouvait pas faire sans nous pendant le covid, ni aujourd'hui d'ailleurs !

> Pouvoir vivre dignement de notre travail.

La pandémie a généré des besoins plus importants auxquels il a fallu répondre alors que tout était plus compliqué. On a été là malgré la peur d'attraper le virus et de le ramener à la maison, en particulier au début quand nous n'avions pas des EPI (équipements de protection individuelle : masques, gants, etc.). On a subi un stress important à cause de l'augmentation de l'activité. Les hôpitaux étaient saturés et nous avons été très sollicités, avec des besoins importants qui n'arrêtaient pas d'arriver et des protocoles de sécurité sanitaire qui changeaient sans arrêt.

Nous sommes quotidiennement en contact avec des personnes fragiles, à domicile, en EHPAD et dans des centres spécialisés. Nous savons qu'elles ont besoin de nous et nous faisons notre métier avec engagement.

On fait partie des invisibles dont on ne parle jamais. Mais qui ont été indispensables avant, pendant et après la crise sanitaire.

Quand il a été question de valoriser les professionnels au moment du Ségur de la Santé, on y a cru mais on n'a rien eu.

La population vieillit, il y a de plus en plus de besoins qui génèrent une activité plus importante. Les entreprises du médico-technique en profitent, mais elles ne redistribuent pas assez les richesses créées par les salariés. Elles ne font que répondre au minimum légal, et encore.

Ce que l'on demande, ce ne sont pas de longs discours, mais des revalorisations significatives des salaires qui auront un impact concret sur le reste à vivre des salaires ainsi que l'attractivité de nos métiers.

Car, malgré une restructuration importante, la CFDT s'est battue pour l'accompagnement de salaires qui ont été sacrifiés sur l'autel de la rentabilité. »

Les enjeux

Aurélie Flisar,
secrétaire générale adjointe de la Fédération des Services CFDT

Des « essentiels » sans protection

Dès les débuts de la pandémie, les travailleurs « essentiels » ont exercé dans des conditions inhumaines, sans aucun équipement de protection individuelle (EPI). Non prioritaires pour l'accès aux masques ou au gel, ils ont dû faire sans. Ces héros du quotidien allaient « au front », sans rien d'autre que leur attestation de déplacement et leur courage. Des alertes ont été faites mais trop de réponses sont arrivées trop tard. Certains ont perdu la santé, d'autres la vie ; et pour autant, aucun véritable droit à la reconnaissance ne leur a été accordé.

Des risques psychosociaux inédits

La crise a également fait émerger des risques psychosociaux intenses : agressivité des clients, surcharge de travail, isolement, peur constante. Par exemple, les aides à domicile, seules auprès des plus fragiles, ont assumé une charge mentale immense : nourrir ou toiletter, comment choisir ? Pour tous les « essentiels », les protections faisaient défaut, les incivilités augmentaient, les rythmes s'intensifiaient et la fatigue s'accumulait. Le travail devenait insoutenable.

Télétravail : un luxe inaccessible pour certains travailleurs

Le télétravail a, en parallèle, émergé comme une solution miracle… mais pas pour les travailleurs essentiels ou plus largement des services, à cause de la nature de l'activité. Une autre forme d'inégalité s'est alors révélée : celle de pouvoir se protéger en restant chez soi. Les salariés des services, eux, n'en avaient pas le luxe. Ils allaient travailler, coûte que coûte.

La vulnérabilité perçue comme un privilège

Le cynisme a atteint son paroxysme lorsque les salariés atteints de pathologies ont dû dévoiler des données médicales confidentielles pour bénéficier de l'activité partielle. Cette mesure, censée les protéger, les a exposés et a généré tensions et incompréhensions dans les collectifs de travail. En stigmatisant la vulnérabilité, le dispositif a révélé les limites du respect de la vie privée en entreprise. Une dérive préoccupante, qui interpelle au-delà des aspects de santé au travail.

Vaccination : un sujet controversé

Quand la vaccination est devenue obligatoire pour certains métiers, les réactions ont été contrastées. Certains salariés ont eu le sentiment d'être stigmatisés quand d'autres réclamaient une généralisation de la mesure. Cependant, l'obtention de l'accès prioritaire à la vaccination pour les assistantes maternelles est une vraie victoire sociale pour celles qui gardaient des enfants de soignant et se retrouvaient exposées à leur domicile.

Reprise co-construite : le dialogue social comme solution

Il a fallu se battre pour adapter les protocoles sanitaires à la réalité des métiers. Auprès des entreprises ou en consultation au ministère du Travail, les mesures de reprise devaient être à la fois protectrices et applicables. Nettoyage renforcé, jauges, gestes barrières : nous avons œuvré pour des conditions de travail dignes, humaines et sécurisées. Le dialogue social a été crucial.

L'héritage covid : remettre la santé et le travail au cœur

La crise a révélé l'urgence de repenser le travail. Mise à jour des DUERP (document unique d'évaluation des risques professionnels), reconnaissance des risques invisibles : surcharge mentale, isolement, risques sanitaires, risques bactériologiques… Ignorés hier, ces sujets sont désormais des leviers d'action. Il est désormais évident pour tous de remettre la santé, les conditions de travail, la qualité de vie au travail au cœur du dialogue social, comme un hommage mais aussi une promesse d'avenir.

Le regard de
Marie Dancer,
journaliste

Travailleurs invisibles : leçons d'une enquête

Tout a commencé pour moi au printemps 2024 par une étude de la Fondation Travailler autrement (FTA). Son titre, « Travailleurs invisibles, des vies sous contraintes », annonçait la couleur. Je ne mesurais pas, pour autant, la profondeur de ce que j'allais découvrir en me plongeant dans la vie de quelques-uns de ces travailleurs, dans le cadre d'une enquête pour « L'Hebdo » du journal *La Croix* (article paru dans le numéro du 18 septembre 2024).

Je pensais connaître ces travailleurs ou, à tout le moins, être sensible à la situation de ceux que l'on désigne aussi, depuis le covid, comme des salariés « essentiels » pour faire tourner l'économie. Et qui se surnomment parfois eux-mêmes, non sans autodérision, les « premiers de corvée ». Mais j'ai réalisé à quel point il ne suffit pas de dire « bonjour » chaque matin ou chaque soir – ou les deux – à une personne chargée de faire le ménage dans vos bureaux, ni de prendre des nouvelles de sa famille, pour prendre la mesure de la complexité de sa vie, professionnelle comme personnelle, tant les deux sont inextricablement liées.

Dans le rapport d'étonnement que je propose ici, c'est sans doute l'élément qui m'a le plus marquée en échangeant longuement avec des personnels de ménage, des agents de sécurité, des caissières, des caristes, des auxiliaires de vie ou des nounous à domicile…

J'ai été marquée, chez ces professionnels, par le fait que le travail à temps partiel prend le plus souvent des allures de temps plein parce que leurs horaires sont morcelés et parce que leur poste est la plupart du temps très éloigné de leur domicile. Leur salaire, lui, reste pourtant désespérément celui d'un temps partiel et ce n'est pas la moindre des inégalités dont souffrent ces travailleurs.

Pas de doute, l'étude de la FTA porte bien son nom : leurs vies sont « sous contraintes ». Comme « empêchées ». Des vies freinées et empêchées parce que vécues à cent à l'heure, rendant inaccessible toute vie familiale, mais aussi amicale ou personnelle. Des vies empêchées de s'occuper de leurs enfants autant qu'ils le voudraient, empêchées de se soigner parfois – comment prendre le temps de « caser » un rendez-vous médical puis de s'y rendre ? –, des vies empêchées de se distraire – à quel moment et avec quel argent ?

Des vies empêchées par le cumul des handicaps : un emploi pénible, des temps de transport exagérément longs, une utilité sociale très forte mais peu reconnue… Pour ces personnes, souligne l'étude de la FTA, « le faible salaire est un vrai problème, mais pas le seul. Chaque obstacle sur leur route en entraîne ou en amplifie un autre, ce qui renforce le sentiment d'emprisonnement et l'impression que chaque jour est un perpétuel recommencement ». Une situation exacerbée lorsqu'il s'agit de familles monoparentales.

Des vies empêchées aussi faute de perspectives en matière d'évolution professionnelle – comment financer une formation quand il faut dans le même temps payer les factures ?… Des vies empêchées par des revenus de 30 % inférieurs au reste de la population pour un temps de travail inférieur de seulement 10 %…

Des travailleurs aux vies empêchées parce qu'ils sont plus souvent que d'autres soumis à des tâches pénibles et répétitives, à une hiérarchie autoritaire et inflexible… Des vies empêchées pour ces travailleurs qui sont généralement issus de l'immigration et des catégories les plus vulnérables de la société, des travailleurs qui sont le plus souvent des travailleuses…

J'ai été marquée par le parallèle établi entre leur vie et le « numéro » du tourneur d'assiettes, qui ne peut jamais s'arrêter de les faire tourner, au risque que tout s'effondre. Autrement dit, gare au moindre grain de sable dans leur organisation millimétrée : il peut suffire à enrayer ces vies en flux tendu.

J'ai été marquée en constatant qu'au fond, leur situation dit beaucoup des évolutions de notre économie, du travail et de notre société à plusieurs vitesses. D'un côté, ceux que l'étude de la FTA appelle « les préservés » et de l'autre, ceux qui contribuent à leur adoucir encore un peu plus l'existence. Comme une nouvelle division du travail : aux uns, la vie et le (télé)travail tout confort ; aux autres, les horaires décalés et les bas salaires, la vie empêchée.

J'ai été marquée par notre responsabilité individuelle dans cette fragmentation économique, sociale et sociétale. Comme l'explique très justement le sociologue Denis Maillard : « Plus je veux aller vite dans ma vie, télétravailler et manger un repas livré à mon domicile sans perdre de temps, faire des achats en ligne et les recevoir au plus tôt sur le pas de ma porte sans payer de frais de livraison… et plus j'ai besoin de ces travailleurs. »

J'ai été marquée par Stéphane Le Lay, sociologue au CNRS, qui s'est longtemps immergé auprès des éboueurs et qui choisit de parler d'« *invisibilisation* » plutôt que de parler des « *invisibles* » : « C'est nous qui refusons de les voir parce que leur présence nous rappelle que chacun d'entre nous participe à ce système qui les maintient exploités. »

J'ai été marquée aussi par la responsabilité collective des donneurs d'ordres, qui tirent le prix de leurs prestataires vers le bas et contribuent ainsi à dégrader les conditions de travail des salariés.

J'ai été marquée par la grande générosité dans l'accueil que chacune et chacun de ces « invisibles » m'a réservé, par leur capacité à libérer du temps pour me répondre, eux qui en manquent pourtant cruellement.

J'ai été marquée, au fil de mes rencontres, par leur force de caractère, par leur capacité à encaisser les chocs et à ne pas se plaindre quand nous, les « préservés », n'avons de cesse de nous lamenter de courir après le temps... J'ai été marquée par leur courage et leur abnégation, par leur détermination à aller travailler contre vents et marées et ce, même s'ils souffraient de blessures ou même précocement, dès la trentaine pour certains, de troubles musculo-squelettiques, d'arthrose et autres troubles du sommeil...

J'ai aussi été marquée par certains employeurs qui innovent d'ores et déjà, à leur niveau, pour proposer des postes à temps complet – ou *a minima* non morcelé –, des horaires compatibles avec une vie de famille, une bonne mutuelle et des formations, des évolutions de carrière... Charge aux pouvoirs publics d'encourager, voire de contraindre, des mesures au niveau des branches professionnelles. Et d'effectuer des contrôles assortis de sanctions, le cas échéant. De financer aussi, à leur juste hauteur, les prestations dans l'aide à domicile…

J'ai été marquée, au final, par l'ignorance qui était la mienne avant de démarrer cette enquête de terrain. Je me sens définitivement marquée par l'urgence de sensibiliser, encore et toujours, à la situation profondément injuste subie par ces travailleurs. Cet ouvrage y participe, comme d'autres – je pense à celui de Vincent Jarousseau, *Les femmes du lien*, aux éditions les Arènes.

Je pense aussi au film *À plein temps*, avec Laure Calamy, qui joue pleinement sur la puissance de la fiction. Sans oublier deux documentaires de François Ruffin (*Debout les femmes* et *Au boulot*), qui mettent en image avec délicatesse le vécu de ces travailleurs habituellement négligés par les caméras… tout en leur apportant la reconnaissance dont ils manquent tant. Ces films-là font œuvre utile.

Promouvoir autour de nous ces œuvres et parler de ces travailleurs essentiels, c'est déjà une manière de les soutenir. De les sortir de l'invisibilisation.

Faire face
aux discriminations au travail

Témoignage de Zanetà, salariée de services à la personne

« Je suis arrivée en France en 2000, je parlais à peine français, j'ai communiqué en anglais pendant quelques années, et puis aujourd'hui, je suis titulaire d'un diplôme de niveau bac+4. Quand j'ai eu mon fils, j'ai privilégié son éducation. Au moment de son entrée en maternelle, en 2009, j'ai souhaité reprendre le travail à mi-temps dans l'entreprise où je suis toujours.

Petit à petit, j'ai pu prendre plus d'heures parce que mon fils s'adaptait bien au centre de loisirs. J'ai commencé comme aide ménagère puis j'ai évolué vers un poste d'assistante qualité qui consistait entre autres à organiser des sessions de recrutement et de formation sur le terrain, à accompagner et à contrôler la qualité du service chez le client.

C'était en 2011. Tout allait bien, j'avais des perspectives d'évolution, j'avais le sentiment d'être respectée et reconnue pour mon travail. Mais les choses ont changé quand, en 2014, j'ai décidé de me syndiquer et de m'engager avec la CFDT. J'ai eu du mal à le réaliser, à le comprendre, mais pendant des années j'ai été victime de discrimination syndicale. Cela a eu de lourdes conséquences sur ma vie. J'ai été arrêtée un an pour dépression.

> **Les années passent et les problèmes restent les mêmes.**

Il y a trois ans, le médecin du travail m'a déclarée inapte pour le poste que j'occupais, sans possibilité de reclassement dans l'entreprise. Depuis, l'entreprise cherche à me licencier. Sans succès heureusement parce que je suis salariée protégée. Je suis toujours dans les effectifs de l'entreprise mais je suis coupée de mon travail.

Ce qui me sauve, c'est mon engagement syndical. Je suis négociatrice pour la CFDT dans la branche des entreprises de services à la personne. Cela me permet de rester en contact avec les professionnels des entreprises de services à la personne et surtout de me sentir utile. Les années passent mais les problèmes restent les mêmes dans notre secteur. Les niveaux de salaire augmentent de cinq centimes, les temps de trajet entre les prestations chez différents clients dans la journée ne sont pas comptabilisés ni indemnisés et, dans certaines entreprises, l'annualisation du temps de travail permet à l'employeur de ne pas payer d'heures complémentaires en adaptant ses plannings en fonction de ses besoins, au détriment de la qualité de vie des salariés. Les aides ménagères, les auxiliaires de vie sont dévouées mais elles paient le prix fort physiquement et matériellement.

À force d'être la canne humaine des seniors et des personnes en perte d'autonomie, on peut souffrir de lombalgie, de cervicalgie, d'affections articulaires… C'est ingrat, physiquement dur mais cela reste un choix du cœur. On ne peut pas travailler dans ce secteur si l'on n'aime pas les gens. Nous, nous sommes bien conscientes du sens de notre travail mais personne à part nous-même, les salariés et nos représentants, ne semble en reconnaître sa valeur ni son rôle essentiel !

Les métiers des services à la personne ne sont pas de simples petits boulots que l'on choisit par défaut ou en fin de carrière. Ce sont des métiers du lien, du soin, de la dignité. Ils demandent du savoir-faire, du cœur, de la présence. Ils s'apprennent, se perfectionnent, se vivent au quotidien. »

Les enjeux

Adrien Guellec,
secrétaire national de la Fédération
des Services CFDT

Travailleurs issus de l'immigration, une véritable richesse pour les secteurs essentiels

Émancipation, solidarité, égalité, démocratie, ces valeurs auxquelles nous sommes attachés font écho au problème que nous devons résoudre pour soutenir les travailleurs essentiels. Ces quatre mots sont la promesse que nous devons tenir à leur égard. On peut d'ailleurs mettre en avant « solidarité », qui oblige à faire le choix de l'entraide pour défendre les droits de tous, mais aussi « égalité », qui impose de lutter contre toutes les formes d'exclusion et de discrimination.

Agents de propreté ou de sécurité, aides à domicile, caissières, livreurs... Invisibles hier, devenus indispensables et applaudis pendant la crise sanitaire du covid, ils sont aujourd'hui retombés dans l'indifférence et l'oubli aux yeux de la majeure partie de la société.

Ces travailleurs exercent des métiers essentiels à la vie collective, mais ils sont encore trop souvent traités comme secondaires. En très grande majorité des femmes, vivant dans des zones délaissées par les pouvoirs et les services publics, et pour beaucoup issues de l'immigration. Elles occupent des emplois pénibles et précaires (bas salaires, horaires morcelés, forte mobilité géographique, peu de reconnaissance…), elles sont celles que l'on voit et que l'on entend très peu mais sur qui tout repose.

La période de pandémie nous a aussi démontré sans ambiguïtés que l'immigration joue un rôle stratégique et vital dans le maintien des services essentiels pour le quotidien du pays, la solution réside donc aussi dans l'accueil et le soutien de ces travailleurs. Par exemple, une pénurie d'aides à domicile pour s'occuper des aînés et des personnes les plus dépendantes, ou d'agents de propreté pour aseptiser les chambres d'hôpitaux et les blocs opératoires ne fera que fracturer davantage le lien entre les citoyens.

Le lien entre ces secteurs et les enjeux du vivre ensemble est fondamental. Vivre ensemble, c'est d'abord travailler ensemble, se nourrir les uns des autres et reconnaître la place de chacun dans la société. Alors pourquoi ces personnes qui contribuent le plus concrètement à notre quotidien restent-elles aujourd'hui les moins reconnues, les moins protégées, les moins représentées ?

La prise de conscience de 2020 aura été bien éphémère, comme si la solidarité pouvait se passer de justice…

Nous défendons une approche du vivre ensemble fondée sur la justice et la reconnaissance. Ce qui implique de lutter contre les discriminations raciales, territoriales et sociales. Revaloriser les métiers essentiels en ouvrant de nouveaux droits et en donnant plus souvent la parole à celles et ceux que l'on n'entend jamais dans l'entreprise et plus largement dans la société. Les reconnaître, c'est renforcer la cohésion, la démocratie, le sentiment d'appartenance.

Le vivre ensemble ne peut pas se construire sans ces travailleurs qui en assurent, chaque jour, la réalité. Le premier pas serait de rendre la dignité à celles et ceux que l'on a trop longtemps tenus à la marge.

Le regard de

Christophe Bertossi
sociologue et politologue,
directeur de l'Observatoire de la diversité

Travailleurs de « première ligne » ou citoyens de « seconde zone » ?

La question n'est pas de savoir si le racisme ou les discriminations existent ou non au travail. Cela existe, on l'a abondamment repéré, cartographié et analysé. Les études montrent que le marché du travail est d'ailleurs le principal espace d'expérience des discriminations en France.

Pour autant, la spécificité du racisme au travail n'a jamais été suffisamment adressée de front, comme ont pu l'être les discriminations liées à l'âge, au handicap ou à l'égalité entre hommes et femmes. Le bilan de deux décennies de politiques françaises de la « diversité » dans l'entreprise est tout sauf convaincant. Avant ou après le covid, rien n'a changé.

Une autre question, sans doute plus précise, pourrait mieux nous éclairer : pourquoi le moment spécifique du confinement, qui a été un moment de reconnaissance positive de la « diversité » de la société française, n'a-t-il pas débouché sur une mobilisation massive contre le racisme et les discriminations et pour l'équité au travail – ou, plus généralement, en faveur d'une conception ouverte et apaisée du « vivre ensemble » ?

On se souvient de la dramaturgie orchestrée via les réseaux sociaux : chaque soir à 20 heures, les « premières lignes » étaient applaudies depuis balcons et fenêtres. Ces applaudissements s'adressaient, de fait, à des professions occupées en grande partie par des travailleurs étrangers et immigrés.

Le rituel témoignait une double reconnaissance : celle, d'abord, d'une société confinée, reconnaissante envers les « travailleurs essentiels » ; ensuite que cette dette équivalait aussi reconnaissance de l'appartenance « essentielle » de ces derniers à la société française, comme un tout.

On connaît pourtant la suite. La chronologie des confinements a télescopé celle de réformes restrictives du droit des étrangers et de l'immigration. Par exemple, l'accès à l'aide médicale d'État a été restreint par décret en plein deuxième confinement.

La période a aussi vu émerger un discours public sur le « séparatisme », c'est-à-dire le soupçon que la « diversité » française ne soit une menace pour l'intégrité nationale. Une loi

« contre le séparatisme » fut votée quelques mois après le troisième confinement, en août 2021.

D'un horizon d'universel émancipateur, les « valeurs républicaines » ont ainsi été diluées dans le souci de l'identité culturelle de la nation française. Elles sont devenues arbitrairement opposables à toutes celles et ceux que le débat a décrits comme « insolubles » dans cette conception essentialisée de l'identité nationale. Bref, aux mêmes personnes qui avaient été applaudies pendant la crise sanitaire.

On aurait tort de réduire cette évolution au seul succès du RN sur la scène électorale. Cette évolution a été portée sur l'ensemble de l'échiquier politique, jusqu'aux rangs de la social-démocratie d'où ont émergé les thèmes de la déchéance de nationalité ou de l'« islamo-gauchisme ».

Enfin, ce ne sont pas uniquement les groupes minoritaires qui sont visés par ces discours de fermeture identitaire de la citoyenneté, mais aussi leurs alliés (les associations, les organisations syndicales, les chercheurs, etc.).

Or, si l'on a pendant longtemps considéré que la démocratie était un projet à parfaire avec exigence sur la durée, elle semble aujourd'hui ne plus aller de soi pour tout le monde, y compris au plus haut niveau de l'État. Le ministre de l'Intérieur considérait, par exemple, fin 2024, que « l'État de droit, ça n'est ni intangible ni sacré ».

Cela nous rappelle combien la lutte contre les discriminations est un véritable thermomètre de la démocratie. Il est fragile mais « essentiel » lui aussi, si l'on veut construire une société de la solidarité, de l'égalité et de l'émancipation, socles indispensables à notre commune aspiration à plus de justice sociale *pour tous*.

Construire son parcours professionnel

Témoignage de Sylvie, salariée de services à la personne

« Je travaille dans une entreprise de services à la personne leader du marché. Dans ce secteur, nous proposons des prestations de ménage, de garde d'enfant, d'aide aux personnes âgées ou en situation de handicap.

> Cette considération que nous portons aux autres, on aimerait aussi la ressentir pour nous.

On n'a quasiment pas parlé de nous mais nous avons maintenu notre activité pendant la pandémie pour garder les enfants des professionnels de la santé comme les médecins, les infirmiers ou les agents des forces de l'ordre.

Cela a été très compliqué. Nous avions très peu de masques et le peu que nous avions a parfois été réquisitionné pour équiper le personnel médical. C'était compliqué aussi pour nos familles.

Nous avons assuré une mission d'utilité publique sans avoir de carte professionnelle et sans que notre rôle dans la vie quotidienne des familles soit reconnu.

Nous sommes isolés, nous travaillons bien souvent seuls. Cela ne nous aide pas pour la reconnaissance de nos métiers. On travaille avec de tout jeunes enfants dont les parents sont pressés, des personnes en situation de handicap et des seniors en perte d'autonomie.

Notre métier, qu'il soit dédié aux enfants ou aux personnes en perte d'autonomie, demande beaucoup d'énergie et de dévouement.

Il est important pour moi de dire que, contrairement à l'idée reçue, les gens n'arrivent pas par hasard dans ce secteur. Quand on est garde d'enfant ou auxiliaire de vie, c'est que l'on est tourné vers l'humain et très à l'écoute. C'est l'empathie et la bienveillance qui nous guident vers ces métiers. Cette considération que nous portons aux autres, on aimerait aussi la ressentir pour nous.

Il ne faut pas s'étonner que nos métiers n'attirent pas. Nous sommes pour la plupart précaires, avec des contrats à temps partiel, des horaires coupés et une grande amplitude, une rémunération proche du SMIC et sans objectifs d'évolution de carrière.

Au vu des difficultés de recrutement actuelles et du vieillissement de la population, cela va devenir un problème de société : qui prendra soin de nos aînés et de nos enfants ? »

Les enjeux

Adrien Guellec,
trésorier de la Fédération des Services CFDT

Armer les travailleurs essentiels en leur donnant les moyens de construire leur avenir

Lorsque beaucoup de Français se ruaient sur les rouleaux de papier toilette et les paquets de pâtes dans les supermarchés, que les hôpitaux ou les EHPAD étaient désinfectés et que des repas y étaient servis au début de l'épidémie de covid, peu d'entre nous se sont préoccupés des personnes qui permettaient de délivrer ces services, d'assurer les fonctions vitales de la société. Ils ont été, comme toujours, dignes, ils ont souvent risqué leur vie et, malheureusement, certains l'ont perdue. Depuis ce temps, ils attendent toujours la reconnaissance qui leur a été promise. Dans ces moments où tout était sur le point de vaciller, on les a appelés « essentiels », mais, depuis, rien ou presque.

La question du parcours professionnel est une question clé, elle doit être au cœur du dialogue social dans les entreprises. Développer et faire reconnaître ses compétences, c'est ce qui porte vers la dignité dans le travail. Interroger et choisir sa vie professionnelle au lieu de la subir. Selon les situations, de nombreux freins ne permettent pas un accès égalitaire à la formation (contrats courts, temps partiels subis, horaires décalés et souvent morcelés, déséquilibre vie personnelle/vie professionnelle…), et les perspectives sont absentes pour les travailleurs essentiels.

Nous leur devons des parcours plus accessibles, des droits attachés à la personne qui la suivent d'entreprise en entreprise tout au long de sa vie, la possibilité dégager du temps pour se reconvertir et pour progresser. Le parcours professionnel est un levier d'émancipation, sa construction doit être à la portée de tous, les « oubliés » du covid aussi !

Nous devons reconnaître leurs compétences, leur permettre de valoriser l'expérience acquise sur le terrain, leur faciliter l'accès à la formation. Nous devons faire adopter un modèle fondé sur la sécurisation des parcours, une mobilité choisie et l'accès à un véritable horizon professionnel. Il y a urgence à sortir ces salariés d'une forme d'usure qu'ils subissent, pour qu'ils se tournent vers un avenir qui réponde à leurs espoirs.

Pour y parvenir, la mobilisation doit être large et notre rôle est de faire changer le paradigme pour que les compétences et la formation soient perçues par tous les acteurs comme un investissement pour les entreprises et les territoires.

Refusons de laisser à la marge nos essentiels et donnons-leur la place qui leur revient au sein de la démocratie sociale, à la hauteur de leur nécessité au fonctionnement de la nation. Montrons que la République tient ses promesses : le travail doit permettre de s'épanouir et de se projeter, pas de s'épuiser.

Le regard de
Jean Viard,
sociologue

Nous sommes entrés dans la civilisation du numérique. La pandémie du covid nous a obligés à utiliser les outils digitaux pour garder le lien avec notre entourage familial et professionnel. L'essentiel de nos liens est devenu numérique. On fait ses courses en ligne, on accède aux biens culturels en ligne, le télétravail s'est développé pour les métiers qui le permettent ; c'est un bouleversement.

Le développement des courses en ligne fait exploser les métiers de la livraison. Les chauffeurs représentent presque 10 % de l'emploi, presque autant que l'emploi dans l'industrie. Ces métiers ont été le cœur des gilets jaunes avec des leaders qui étaient pour la grande majorité chauffeurs.

La société est en transformation. De plus en plus présente dans notre quotidien, l'intelligence artificielle va engendrer la disparition d'emplois de bureau, alors que, dans un même temps, les besoins en services à la personne et à l'usager vont croître ; comme les emplois d'entretien de la nature et de la ville, ou de recherche et de création. Il y a dans ces changements une forte incertitude compliquée à gérer pour les salariés.

L'art de vivre a pris la main sur l'art de produire

Depuis le covid, l'art de vivre a pris la main sur l'art de produire. Les salariés sont bien moins disposés à subir des conditions de travail très difficiles et des temps de travail fragmentés pour un salaire au SMIC. Les métiers en tension en sont une bonne illustration. On recherche des cuisiniers, des plongeurs, des assistantes de vie, et ce sont souvent les immigrés qui acceptent de faire ces métiers dont personne ne veut. L'Italie a accueilli un million de travailleurs étrangers pour répondre aux pénuries de main-d'œuvre. L'immigration est un atout, elle est indispensable pour notre modèle économique. Nous ne pouvons pas faire sans elle.

Le problème, c'est que ce sont des métiers qui sont peu valorisés, difficiles, avec des horaires compliqués. Ce sont donc des emplois dans lesquels se concentrent souvent les immigrés.

Mais au fond, la réponse à la question dépend de la situation. Ce n'est pas exactement la même chose pour un immigré nouvellement arrivé, qui accepte des conditions très dures dans l'espoir d'une meilleure intégration en France – notamment pour que ses enfants puissent aller à l'école, faire des études, etc. Il y a là un véritable projet d'intégration.

En revanche, pour quelqu'un qui est en France depuis longtemps et qui a le sentiment de ne faire que descendre vers des métiers précaires, discontinus et mal payés, la perception est différente.

Le problème de ces emplois renvoie donc très largement à la manière dont on gère l'immigration.

Les emplois de services sont des emplois du corps présent

La qualité des emplois est un enjeu de société. Les métiers de services doivent être plus attractifs pour qu'un salarié s'y engage et y voie des perspectives d'évolution. C'est clair que ces employés sont les moins qualifiés, les moins payés, ils ont des horaires extrêmement difficiles. Concrètement, si on habite loin de son lieu de travail, tout devient compliqué. On s'use à gérer les difficultés du quotidien et on n'a plus le temps, ni l'énergie, de se former et se donner les chances d'évoluer. Ce sont souvent les gens les plus modestes qui habitent dans les périphéries, ces femmes et ces hommes que l'on rend invisibles parce qu'ils doivent nettoyer les bureaux avant ou après la fermeture, ces assistantes de vie qui portent les personnes âgées et dont on aura toujours besoin. Les emplois de services sont des emplois du corps présent. Ils sont indispensables. Pendant le covid, on a beaucoup parlé de ces salariés du lien mais ils ont été oubliés très vite. Les services n'offrent pas de réelles perspectives d'évolution professionnelle.

Chaque métier sera touché par l'intelligence artificielle ou l'est déjà. Certains métiers seront transformés, d'autres disparaîtront et de nouveaux apparaîtront. Mais il est certain que les emplois du corps présent continueront d'exister et que le défi sera d'offrir des conditions de travail meilleures.

Les évolutions technologiques

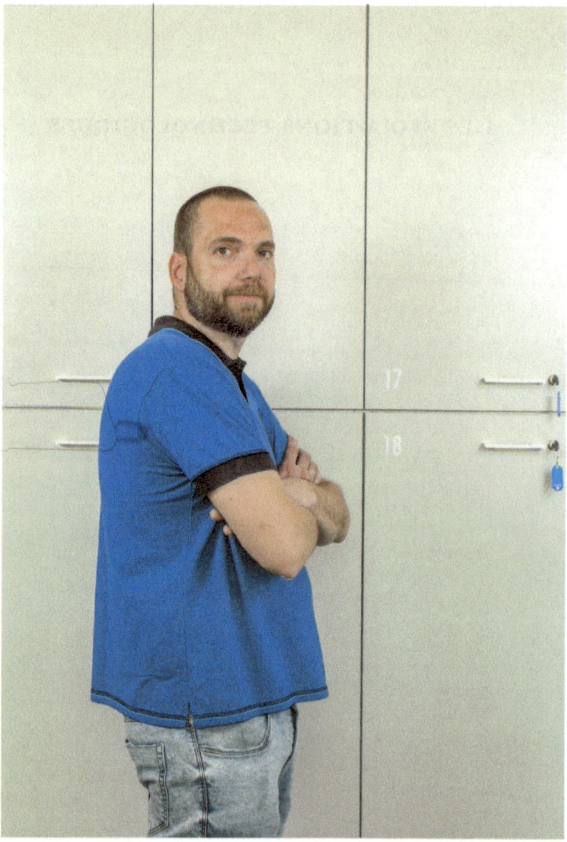
17
18

Témoignage d'Arnaud,
salarié de la grande distribution

« Je ne vais pas y aller par quatre chemins : on est malmenés dans la grande distribution. On nous a fait miroiter que l'on serait mieux payés, mieux considérés. On attend toujours.

D'accord, la situation économique est difficile, mais quand on voit que les grands groupes comme le mien distribuent des milliards à leurs actionnaires, il y a de quoi être en colère.

> Cinq ans après le covid,
> rien n'a bougé dans le bon sens,
> c'est même pire.

Nos conditions de travail continuent de se dégrader, nos directions tirent sur la corde en réduisant toujours plus les effectifs. Et en plus de ça, notre pouvoir d'achat baisse, les augmentations annuelles n'ont jamais rattrapé l'inflation.

Comment ne pas être désabusé ?

Pendant le covid, on nous a dit que nous étions essentiels, mais, au bout du compte, quelle reconnaissance avons-nous ? Pensez-vous que, s'il y avait une nouvelle pandémie, on accepterait de s'exposer à un danger comme on l'a fait ? Personnellement, je n'en suis pas sûr.

Cinq ans après le covid, rien n'a bougé dans le bon sens, c'est même pire. Et on a gagné la menace de finir dans un magasin franchisé ou en location-gérance, avec en bonus des droits sociaux en recul ! C'est mon cas, mon magasin vient de sortir du groupe, il passe en location-gérance.

Tous les capteurs nous mettent en alerte pour notre avenir. On a d'un côté la pression économique et de l'autre la place toujours plus grande laissée aux nouvelles technologies.

Les nouvelles technologies peuvent sûrement représenter un progrès. Elles peuvent sûrement contribuer à améliorer la qualité de notre travail mais cela dépend des intentions des patrons.

Et quand on voit le manque d'importance qu'ils nous témoignent, on ne peut que s'inquiéter.

L'intelligence artificielle va forcément transformer notre travail, mais comment ? Et si elle nous remplaçait ? »

Les enjeux

Sylvain Macé,
secrétaire national de la Fédération des Services CFDT

Une révolution est en marche et elle dure depuis soixante-dix ans… L'intelligence artificielle n'a pas fait irruption juste en 2022 avec Chat GPT, cependant il est clair que la collecte massive des données et l'augmentation de la puissance de calcul induit de grands changements dans le monde du travail.

Dans les champs de la Fédération des Services, les salariés ne perçoivent pas toujours directement son impact. Pourtant, les « investissements » des entreprises de nos secteurs dans l'IA sont bien là et se font malheureusement souvent à coûts constants, c'est-à-dire en redirigeant les budgets d'autres postes de l'entreprise (embauches, achat de matériel, entretien des établissements…) vers les systèmes d'intelligence artificielle.

Cela peut peser sur les effectifs, les conditions de travail, le service aux clients et parfois la bonne santé de l'entreprise.

L'introduction de l'IA ne doit donc pas être une injonction ! On ne doit pas mettre de l'IA simplement pour éviter d'apparaître dépassés, mais pour atteindre de véritables objectifs de développement et produire de la valeur pour tous.

La Fédération des Services a identifié de nombreux enjeux liés à l'introduction de l'IA dans nos secteurs professionnels. Parmi ceux-ci, le management algorithmique des salariés réclame toute notre vigilance !

En effet, si les employeurs semblent souvent peiner pour trouver des cas d'usage de l'IA qui génèrent réellement de la valeur, ils semblent tentés par l'automatisation des fonctions RH, dans une logique à court terme de réduction des coûts. Ce n'est pas forcément nouveau d'ailleurs, mais l'irruption dans la vie de chacun de l'IA générative (texte, son, image, contenu…) a ravivé cette tendance de fond.

Le recours croissant à des systèmes d'intelligence artificielle pour le recrutement – qu'il s'agisse de trier les CV, d'évaluer les candidats ou d'attribuer des notes –, ainsi que pour surveiller l'activité des salariés et prescrire leurs tâches, peut sérieusement dégrader les conditions de travail et entraîner une perte d'autonomie.

Les entreprises doivent aussi jouer le jeu de la transparence. L'introduction de ces technologies doit faire l'objet d'information/consultation devant les représentants du personnel, ce qui est encore assez rare. Au-delà, c'est bien par la négociation d'accords que ces outils, qu'il ne faut ni diaboliser ni porter aux nues, finiront par trouver leur place dans le monde du travail.

Ces accords, quasi inexistants dans le champ de la Fédération des Services pour l'instant, devront aussi prendre en compte les exigences croissantes de notre société en matière de responsabilité sociale. Énergie, eau, sous-traitance humaine de l'IA, autant d'enjeux de société sur lesquels nous avons tous un véritable devoir de vigilance !

Le regard de
Thiébaut Weber,
expert de l'IA et du travail

Ce que nous faisons de la technologie

Le témoignage d'Arnaud est édifiant. Cinq ans après la crise covid, la situation des salariés de la grande distribution s'est encore dégradée. Aux oubliettes donc, les promesses faites par tous : politiques, patrons, et nous, consommateurs, de ne plus faire comme avant. Je me sens en colère et même coupable d'avoir, à mon humble niveau, laissé grandir cette amnésie collective.

Mais Arnaud nous dit autre chose de frappant, sur la technologie cette fois. Il dit que celle-ci « peut sûrement contribuer à améliorer la qualité de notre travail mais [que] cela dépend des intentions des patrons ». Cette seule affirmation vaut des chapitres entiers sur les défis de notre époque. D'abord, Arnaud rappelle que – non – les salariés et leurs représentants ne sont pas fondamentalement méfiants quand on parle de technologies, qu'il y a certainement des vertus à trouver aux outils qui permettent de ne pas se casser le dos, de ne plus s'abîmer sur des tâches rébarbatives, et pourquoi pas même de retrouver du sens au travail. Mais cela dépend intimement de l'intention de celui qui déploie cet outil.

Arnaud témoigne ici d'une automatisation pensée comme source de gains de productivité au détriment des salariés qui, traités comme de simples lignes de coût, voient récompensé d'une drôle de manière l'engagement qui a été le leur lors de la crise covid. Certains trouveront des arguments pour justifier cette mécanisation de la grande distribution en mettant en avant la crise structurelle qu'elle traverse. Mais s'agit-il d'une activité délocalisable ? Ne parle-t-on pas ici de métiers du lien humain et des besoins élémentaires de tout un chacun : se nourrir, se vêtir, s'équiper ?

Au-delà de sa dimension économique indéniable, l'entreprise est aussi un contrat social qui tient à l'engagement et à la force de travail de celles et ceux qui y travaillent. Il n'est plus possible en 2025 de transformer l'outil de travail sans impliquer les premiers concernés : les travailleurs.

C'est selon moi un des combats clés pour le syndicalisme aujourd'hui. Celui d'imposer les conditions d'un dialogue social et technologique dans les entreprises où salariés et direction codétermineraient l'utilisation des nouvelles technologies au bénéfice de l'entreprise autant que de celles et ceux qui y travaillent. C'est une nécessité économique autant que sociale, car le temps et l'argent gagnés par les machines n'aboutit jamais par nature à une amélioration du service rendu aux usagers et clients. Les exemples, dans la grande distribution, les transports, la banque ou les services clients, sont légion.

Messieurs les patrons : comme le dit Arnaud, ce sont vos intentions qui comptent. Il serait dans l'intérêt de tous que les vôtres soient bonnes.

Faire vivre l'égalité professionnelle

Témoignage de Marie-José, salariée de la propreté

« J'ai commencé à travailler dans le secteur de la propreté il y a trente-sept ans par le bas de l'échelle. Je n'avais pas d'autres opportunités et il était urgent pour moi de travailler. J'ai accepté un temps partiel, c'était mieux que rien. Je venais d'arriver en France, en 1988.

Déjà à cette époque, c'était facile de se faire embaucher parce que les gens ne veulent pas faire ce boulot.

J'avais un contrat d'à peine 62 heures par mois dans un magasin de bricolage à porte d'Italie.

Pour commencer à 6 heures du matin, je devais me lever à 4 heures, me préparer et prendre les transports. Les débuts de mon immigration ont été une période très difficile…

> Le plus dur psychologiquement a été de faire lever mon fils si tôt le matin.

Neuf mois après mon arrivée, j'ai eu mon premier enfant. Se lever si tôt pendant toute ma grossesse a été très éprouvant.

C'est au bout de dix ans que j'ai obtenu la qualification de cheffe d'équipe. Pour y arriver, ça a été le parcours du combattant ! Le plus dur psychologiquement a été de faire lever mon fils si tôt le matin et de le déposer à une nounou qui le déposait à l'école. Aujourd'hui, je m'en veux et je ressens une grande culpabilité.

J'ai dû faire mes preuves en tant que cheffe d'équipe. J'ai déployé beaucoup d'énergie pour prouver mes capacités et mes compétences.

La plupart du temps, les responsabilités sont confiées à des hommes alors que les femmes sont bien plus nombreuses.

En tant que cheffe d'équipe, j'ai toujours été très attentive et bienveillante avec toutes les femmes autour de moi.

Les salariés sont mal payés alors imaginez avec un temps partiel ! Beaucoup n'ont pas d'autre choix que de travailler pour plusieurs entreprises.

Nous avons vécu un cauchemar pendant la pandémie, surtout au moment du premier confinement. Le pire, c'était d'entendre tous les jours à la radio le nombre de morts à cause du covid.

C'est sûr qu'à ce moment-là, on était bien content de nous voir désinfecter les gares et nettoyer les commerces, mais on n'a jamais vraiment parlé de nous. On ne nous a jamais remerciés.

Les difficultés continuent après toutes ces années.

Aujourd'hui, rien n'a changé. Nous restons invisibles, on méprise notre métier, et les patrons peuvent tranquillement continuer à nous payer au ras des pâquerettes. »

Les enjeux

Sandrine Villalon,
secrétaire nationale de la Fédération des Services CFDT

L'égalité entre les femmes et les hommes est inscrite dans le droit mais peine encore à l'être dans les faits. De nombreuses lois existent mais leur mise en œuvre est encore très laborieuse.

Nous constatons trop souvent que ce sujet n'est pas traité avec l'ambition qu'il mérite.

En effet, en 2025, on ne peut que tristement constater que les femmes gagnent 23,4 % de moins que les hommes, qu'elles occupent des postes moins qualifiés, qu'elles sont moins formées et qu'une fois à la retraite, elles perçoivent 40 % de moins qu'un homme !

Parler d'égalité professionnelle en 2025, c'est parler d'une véritable préoccupation, pas seulement au niveau salarial, mais aussi sur le plan du déroulement de la carrière et de la santé des femmes au travail.

Trop souvent, les entreprises ne font pas du sujet de l'égalité professionnelle une véritable préoccupation et un enjeu de qualité du travail.

La santé des femmes, avec la prise en compte et la prévention genrée des expositions aux risques ; la reconnaissance de la pénibilité au travail des métiers majoritairement occupés par des femmes et la prise en compte de la santé sexuelle et reproductive ; la lutte contre les violences sexistes et sexuelles (prévention, sensibilisation).

Les différences physiologiques liées au sexe et à des facteurs génétiques, hormonaux ou métaboliques sont encore peu ou pas prises en compte. Les symptômes des maladies dites féminines sont souvent minorés voire ignorés, les délais de diagnostic s'en trouvent allongés et la grande majorité des médicaments essentiels sont encore testés principalement sur des hommes, les traitements pouvant alors se révéler inadaptés pour les femmes.

Nous affirmons que le corps féminin doit être pris en compte dans ses spécificités physiologiques.

Pour notre fédération il est urgent de réaliser des diagnostics précis, de définir des objectifs clairs et mesurables, de planifier des actions concrètes et financées, de réaliser un suivi et des évaluations, le tout en concertation et co-construction avec les représentants du personnel et en toute transparence.

Faire progresser les droits des femmes, c'est faire progresser les droits de toutes et de tous.

Le regard de
Murielle Salle,
maîtresse de conférences

Souvenez-vous. C'était il y a cinq ans. Rituellement, à 20 heures, chaque soir, nous applaudissions les soignantes et les soignants. Le vocabulaire martial et un certain regard sur le monde s'imposaient progressivement dans les esprits. Une hiérarchie semblait se dessiner entre les activités économiques, essentielles ou non essentielles. Désormais, le travail se structurait en « lignes ». Sur la première les soignant·es[1], dans les hôpitaux. Sur la deuxième, toutes celles et ceux qui continuaient également à travailler sur site, pour permettre le maintien de l'approvisionnement alimentaire et répondre à des besoins désormais réduits au fondamental : agriculteurs et agricultrices, mais aussi ouvriers du bâtiment, les caissièr·es, vigiles et personnels d'entretien. « Travailleur·ses clés », ou « essentiel·les » : les terminologies ont varié, mais l'idée est bien toujours restée la même.

1. L'auteure a choisi d'employer l'écriture inclusive.

Et la prise de conscience est forte : il est des métiers sans lesquels nos vies ne seraient simplement pas vivables : médecins et infirmièr·es à l'hôpital, aides-soignant·es et aides à domicile mais aussi cultivateur·rices, ouvrier·es de l'agroalimentaire, éboueurs et agent·es d'entretien, caissier·es. Nous avons pris la mesure, alors, de ce que nos vies doivent à leur travail, et de combien nous avons besoin les un·es des autres.

S'ensuivent deux découvertes. La première, rapidement : parmi ces essentiel·les, il y a surtout des femmes, que Christiane Taubira salue de manière appuyée le 13 mars 2020. C'est une « bande de femmes » qui « fait tenir la société », des femmes qui sont « majoritaires dans les équipes soignantes, aux caisses des supermarchés, dans les équipes qui nettoient les établissements ». C'est l'évidence (90 % des hôtes de caisse sont des femmes), mais il a fallu l'énoncer pour qu'elle nous saute aux yeux. La seconde, suite au rapport rédigé par deux expertes, Christine Erhel et Sophie Moreau-Follenfant sur demande de la ministre du Travail : ces métiers essentiels à nos vies sont mal reconnus, mal rémunérés et s'exercent dans des conditions de travail et d'emploi dégradées. On ne pourrait pas vivre sans elles et eux, pourtant le revenu salarial net annuel de ces travailleuses et travailleurs de la deuxième ligne est inférieur à 12 000 euros. Le temps partiel subi et l'emploi précaire y sont la norme, et les contraintes organisationnelles et risques physiques souvent considérables, y compris dans des métiers à dominante féminine.

Alors on se prend à rêver, puisque la démonstration est faite, désormais. Le « monde d'après » saura faire la part des choses et se poser de vraies questions pour déterminer ce qui « rapporte ». On pourrait enrichir la logique comptable classique d'une évaluation des bénéfices non financiers, « sociaux » peut-être, découlant de l'exercice de certaines professions et, pourquoi pas, plaider pour une valorisation des rémunérations qui soit fonction de cette « utilité sociale des métiers ». Ce faisant, l'égalité professionnelle dans notre pays progresserait de manière très significative. Sur le plan de l'égalité salariale d'abord, les 23 % d'écart de salaire moyen entre femmes et hommes, qui tiennent au fait que les femmes sont majoritaires dans les secteurs les moins rémunérateurs de l'économie, et à temps partiel, se résorberaient forcément. Et puis la valorisation de ces secteurs ne manquerait pas d'y attirer des hommes, la mixité des métiers accrue qui en découlerait étant, là aussi, un bénéfice réel du point de vue de l'égalité professionnelle.

Force est de constater, hélas, que la révolution n'a pas été à l'aune de l'ampleur du choc qu'a constitué la crise sanitaire. Les emplois féminins le sont restés, et la mécanique redoutable qui conduit à leur dévalorisation n'a pas été enrayée. En dépit des espoirs, et des annonces, ces secteurs professionnels n'ont pas connu la revalorisation espérée. Même quand la preuve éclatante de leur nécessité absolue est apportée. C'est évidemment dramatique pour celles qui les exercent aujourd'hui. Mais ce sera aussi dramatique, à moyen et long terme, pour nous toutes et tous, collectivement. L'égalité professionnelle s'éloigne tant qu'elle en devient chimère : on estime qu'au rythme actuel, la parité hommes-femmes en matière de participation et d'opportunités économiques ne sera pas atteinte avant 257 ans à l'échelle mondiale (selon la 14e étude annuelle du Forum économique mondial). Et on peut douter que les candidat·es se bousculent pour embrasser ces carrières sans lesquelles nous ne saurions vivre, mais qui ne permettent pas à celles et ceux qui s'y consacrent de vivre dignement. Et qu'adviendra-t-il de nous quand cette bande de femmes finira par baisser les bras ?

Manager la sous-traitance

Témoignage de Gabriel, chef cuisinier dans la restauration collective en EHPAD

« Je suis salarié dans une entreprise de restauration collective. Nous préparons les repas pour les hôpitaux, les EHPAD, les écoles, les entreprises, les établissements pénitentiaires et les portages de repas à domicile… C'est pendant la crise sanitaire que j'ai vraiment pris la mesure de l'utilité de notre activité. Ce n'est malheureusement pas le cas de tous…

J'étais au charbon avec mes collègues pour préparer les repas. Au début, nous n'avions pas de protection, des collègues ont été contaminés, il a fallu nous adapter et faire avec nos peurs. Nous avons dû supporter les ordres, les contre-ordres et les désordres. Et tout ça avec la crainte de ramener la maladie à la maison. Elle était peut-être encore plus forte chez moi parce que je venais de perdre mon épouse. Je me suis retrouvé seul, avec mes deux ados à la maison.

Cette période a été humainement très compliquée et stressante. On nous demandait d'assurer les repas coûte que coûte alors que les industriels n'arrivaient pas à fournir les volumes dont on avait besoin pour faire à manger tous les jours.

> Les salariés de la restauration collective sont les oubliés du Ségur de la Santé.

Nous devions en plus travailler dans le stress des normes communiquées toutes les cinq minutes par les Agences régionales de santé. C'est à ce moment-là que j'ai vraiment pris la mesure de l'utilité de mon secteur d'activité. J'ai le sentiment que nous sommes les grands oubliés de la crise du covid.

Nous tenons un rôle important, nous nourrissons les publics fragilisés des établissements de santé, les petits dans les écoles et les plus âgés dans les EHPAD. Je me demande souvent comment cela se serait passé si nous n'avions pas été là. Les salariés de la restauration collective sont les oubliés du Ségur de la Santé. Cinq ans après la crise sanitaire, toujours pas de prime, toujours pas de marque de reconnaissance. Rien. »

Les enjeux

Véronique Revillod,
secrétaire générale de la Fédération des Services CFDT

Voilà une discipline qui dépasse volontiers de la fiche de poste : l'encadrement de la sous-traitance ou la prestation de services est rarement considéré comme une tâche réelle pour le manager ou pour un salarié en général. Cette difficulté réside souvent dans le fait que la prestation externalisée l'est souvent pour transférer les risques managériaux, humains et juridiques vers des ressources humaines externes. Au mieux, c'est une ligne dans la fiche de poste au rayon des services généraux mais au pire, c'est un impensé : pas de responsabilité, pas de problème.

Les intérimaires, le personnel d'entretien, les agents de sécurité et bien d'autres reçoivent pourtant de nombreux ordres et recommandations de salariés du donneur d'ordres de manière souvent peu coordonnée. Cette absence de prise en compte est le lieu de beaucoup d'incompréhensions, de souffrances pas toujours exprimées et parfois même de mépris de classe.

C'est une réalité prégnante chez les travailleurs essentiels. Le véritable manager, souvent chef de secteur, est à distance la plupart du temps et ce sont les salariés du donneur d'ordres, de l'entreprise utilisatrice ou le parent d'un bénéficiaire d'accompagnement avec qui le travail est effectué qui interagissent en tout premier lieu lorsqu'une question se pose, notamment en matière de sécurité. C'est un marqueur fort pour beaucoup car, en prestation de services ou en intervention, c'est toujours le client qui prend l'ascendant naturel dans la relation.

Il n'est pas évident, dans ce cadre, de prévenir et de protéger contre les violences au travail et les injonctions paradoxales. Le poids du jugement sur le travail effectué est renforcé par la qualité de prestataire de services.

Manager la prestation de services doit pour autant permettre que les exigences et le cadre soient posés correctement dès la prise de commande. Dans la propreté, les bénéficiaires de la prestation ne connaissent pas la plupart du temps les termes du contrat de prestation et demandent des prestations complémentaires qu'il est difficile de refuser. Les agents de sécurité incendie, par exemple, sont souvent interpellés en renfort sur des missions d'agent de sécurité ou pour réaliser des travaux d'accueil ou passer la serpillière alors que ce n'est pas leur travail.

Bien entendu, le dialogue social doit permettre d'aborder ces questions et de poser un cadre qui permette que tous connaissent la nature des prestations et leurs limites, et d'exiger le respect du travail de chacun. Il s'agit dans tous les cas d'une responsabilité individuelle et collective.

Le regard de
Ève Rescanières,
secrétaire générale de la Fédération
des Santé-Sociaux CFDT et infirmière DE

Le secteur sanitaire, social et médico-social est financé majoritairement par de l'argent public et il ne vous aura pas échappé que nous évoluons dans un contexte budgétaire de plus en plus contraint.

La sous-traitance est perçue comme étant une source d'économies substantielle, puisqu'elle fait baisser sensiblement la masse salariale. C'est ainsi que la sous-traitance s'est développée pour les activités de propreté, de restauration, de sécurité, de blanchisserie, etc.

Si ce type de sous-traitance est un choix, d'autres s'imposent à nous, par exemple pour réaliser l'entretien et le dépannage de matériel médical sophistiqué, pour lesquels les établissements ne possèdent pas les compétences en interne.

Dans un cas comme dans l'autre, la question du management de la sous-traitance n'est pas traitée.

Et pourtant, dans un hôpital, une clinique, un EHPAD, un service qui accueille des enfants, des personnes en situation de handicap, tous ceux qui y travaillent participent à l'activité de soins ou d'accompagnement.

Ainsi, les agents de propreté du secteur sanitaire, social et médico-social sont des membres à part entière des équipes soignantes. C'est inscrit dans les classifications de certaines conventions collectives, puisque les agents des services hospitaliers sont dans la filière des personnels concourant aux soins.

Cela s'explique parce qu'un bloc opératoire ne peut pas fonctionner si les salles d'opération ne sont pas nettoyées, parce que l'entretien d'une chambre d'un résident dans un EHPAD ne peut pas se concevoir sans échanger quelques mots avec la personne âgée qui occupe la chambre, parce qu'accueillir des enfants ou des personnes handicapées dans un environnement propre et accueillant est le début de la prise en charge, parce qu'un robot chirurgical en panne représente une perte de chances pour un patient, tout comme un appareil d'analyses médicales ou de dialyse.

Les équipes syndicales ont vécu ce phénomène de sous-traitance comme une rupture de la continuité des prises en charge et, au-delà, une volonté de faire des économies, de « casser » les dynamiques d'équipes de soins et d'accompagnement, de réduire les collectifs de travail et de faire perdre du sens à nos activités.

Pendant la période de pandémie du covid, nous avons touché du doigt combien ce management de la sous-traitance aurait été utile s'il avait existé.

Cela nous aurait évité d'avoir des différences de traitement en matière de fourniture d'EPI, de garde d'enfant, de possibilité de transport, de prise en compte de la maladie pour covid, d'accès à la vaccination entre salariés qui certes ne travaillent pas pour le même employeur mais travaillent dans un même lieu et concourent à la même activité.

Cette différence de traitement est une injustice que nous ne réparerons jamais, mais nous avons les moyens qu'elle ne se reproduise pas au travers de nos retours d'expérience.

Alors il ne tient qu'à nous, syndicalistes, d'obliger les employeurs à prendre soin de leur sous-traitant pour un management plus responsable de la sous-traitance mais aussi pour qu'il n'y ait pas de rupture de prise en charge pour les patients et les usagers du secteur sanitaire, social et médico-social.

Gérer l'environnement péri-travail

Témoignage de Nadia,
hôtesse de caisse dans la grande distribution

« *Je suis hôtesse de caisse dans un hypermarché. Ce que je retiens de la crise du covid ? Beaucoup d'amertume.*

Nous avons été en première ligne, nous avons tenu notre rôle pour continuer à nourrir les Français mais, au bout du compte, il n'y a pas eu d'évolution pour nous. C'est même l'angoisse qui s'installe durablement, parce qu'on nous maltraite socialement.

Alors oui, on sait le dire, que nous avons tenu un rôle important mais, au-delà de ça, il n'y a pas de marques de reconnaissance. Nos employeurs ne font même pas semblant. Il n'y a qu'à voir ce qui se passe dans la grande distribution.

> On nous maltraite socialement.

Quand vous allez faire vos courses, vous ne vous demandez pas comment ça se passe dans l'arrière-cuisine. Et pourtant, il y en a, des choses à savoir.

Il y a de plus en plus de magasins cédés en franchise ou en location-gérance par les grands groupes. C'est sûr que, pour eux, c'est le jackpot, mais pour nous, c'est tout le contraire. On perd nos acquis sociaux et les avantages qui permettaient d'améliorer notre pouvoir d'achat.

Quand ce n'est pas ça, ce sont des plans sociaux. Dans mon magasin, onze postes ont été supprimés. Nous sommes moins nombreux pour la même masse de travail… et on doit garder le sourire pour les clients…

En fait, nous vivons un nouvel enfer après celui du covid. Je n'exagère pas. On ne sait pas de quoi sera fait demain.

Nous sommes plongés dans l'incertitude et on ne nous entend pas. On a le sentiment que les employeurs peuvent faire ce qu'ils veulent, qu'ils peuvent tranquillement nous jeter comme un Kleenex en toute impunité. Après vingt ans de services, on vous dit bye-bye ! Le chiffre, toujours le chiffre. Et l'humain ?

Comment ne pas se sentir désabusé ?

Pourtant, quand un magasin ferme, c'est la vie de tout un quartier qui est bouleversée.

Notre utilité n'est plus à prouver, elle est à valoriser et à protéger ! »

Les enjeux

Lahouari Boubekeur,
secrétaire national de la Fédération
des Services CFDT

Travailleurs essentiels : la reconnaissance en trompe-l'œil

La pandémie de Covid-19 a mis en lumière le rôle crucial de nombreux métiers longtemps considérés comme « ordinaires » : agents de propreté, caissiers, aides à domicile, agents de prévention et de sécurité... Sans eux, les infrastructures vitales de nos sociétés auraient vacillé. Pourtant, cette reconnaissance médiatique et sociale n'a pas été suivie d'une amélioration réelle de leurs conditions de travail ni de vie. Leur quotidien reste marqué par une précarité structurelle, une invisibilisation de leur charge réelle et une profonde contradiction entre leur utilité proclamée et leur traitement institutionnel.

Une charge de travail invisible, mais bien réelle

Loin des projecteurs, ces métiers supportent un fardeau : tous les gestes et contraintes liés au travail mais qui ne sont ni rémunérés ni pris en compte comme du temps effectif. Il s'agit notamment des déplacements domicile-travail, des temps de préparation (s'équiper, se changer) ou de la gestion d'imprévus. Ces tâches, indispensables à l'exercice même du métier, sont d'autant plus pesantes qu'elles s'ajoutent à des journées déjà longues, souvent sans pause ou avec des pauses interminables entre deux interventions.

En période de crise, cette charge s'intensifie : les horaires changent fréquemment, les transports sont perturbés, les consignes sanitaires évoluent sans cesse et le stress – notamment la peur de contaminer ses proches – devient un compagnon quotidien.

Une vie personnelle sacrifiée

Derrière les métiers dits « essentiels », il y a des personnes, des familles, des parents. Or l'organisation du travail dans ces secteurs rend quasiment impossible l'exercice d'une vie familiale normale. Comment emmener ses enfants à l'école ou les aider à faire leurs devoirs quand on quitte son domicile à 5 heures 30 et qu'on rentre à 22 heures ? Comment assister à une réunion scolaire, prévoir une sortie en famille ou simplement partager un dîner avec ses proches quand on travaille le samedi, le dimanche ou en horaires décalés ?

Le système exige d'eux une disponibilité totale, mais leur offre en retour une vie désorganisée.

Une mobilité subie et une géographie de l'injustice

Ces travailleurs sont indispensables dans les centres urbains, dans les lieux de consommation, de soins, d'administration… mais ils n'y vivent pas. Le coût du logement les pousse à la périphérie ou dans des zones mal desservies. Résultat : une double peine. Ils doivent parcourir de longues distances pour être ponctuels à un poste qui ne leur permet même pas de vivre décemment, tout en étant tenus pour responsables du moindre retard ou de la moindre indisponibilité.

Cette fracture spatiale reproduit et aggrave les inégalités sociales. Là où l'on exige leur présence, on leur refuse l'accès.

Des mots qui flattent, des actes qui trahissent

L'écart est flagrant entre la rhétorique (travailleurs « essentiels », « héroïques ») et la réalité vécue. Aucune revalorisation structurelle ne suit ces élans de reconnaissance. Pas de salaires justes, pas de stabilité, pas d'adaptation de l'organisation du travail à la vie réelle. Ces travailleurs sont essentiels dans les discours, mais accessoires dans les politiques publiques.

Pour une véritable reconnaissance des travailleurs essentiels

Si la société considère certains métiers comme « essentiels », alors elle doit en assumer pleinement les implications. Il ne suffit plus de les saluer dans les discours, il faut désormais leur accorder les droits et les conditions de vie qu'ils méritent. Cela commence par la reconnaissance de cette part invisible mais cruciale de leur activité – les déplacements entre interventions, les préparatifs –, qui doit être comptée et valorisée comme du travail à part entière.

À cette reconnaissance symbolique doit s'ajouter une rémunération digne, en cohérence avec l'utilité sociale réelle de ces fonctions. Les horaires doivent également être réaménagés pour respecter les équilibres de la vie familiale, en cessant d'exiger une disponibilité permanente sans contrepartie humaine.

Enfin, il est indispensable de garantir à ces travailleurs un **accès au logement et aux services publics essentiels** (transports, crèches, écoles) à proximité de leurs lieux de travail. Cela implique une **refonte globale de l'organisation du travail et de l'aménagement du territoire**, qui cesse de traiter les individus comme de simples rouages et replace leurs besoins fondamentaux au cœur des politiques publiques, sociales et économiques.

Car on ne peut priver les salariés essentiels de leurs besoins essentiels.

Le regard de
Antoine Rouillard-Pérain,
analyste senior et sociologue

Je la retrouve sur le parking, moteur coupé. Marianne, la cinquantaine dynamique, attend « son » créneau du soir. Le matin, elle a sillonné trois villages pour « faire les maisons »; à 15 heures, dernier coup d'éponge chez une retraitée qui paie au ticket CESU ; à 18 heures, badge obligatoire pour l'équipe du supermarché. Entre ces deux rives, un *no man's land* de deux heures, parfois trois. Trop court pour rentrer, trop long pour ne rien sentir. Elle tue le temps assise dans sa Clio, pare-soleil relevé, toujours prête à bondir. « Ici, c'est comme ma salle de pause », plaisante-t-elle. Sauf qu'il n'y a ni chaise, ni chauffage, l'hiver, sans laisser tourner le moteur.

Cette « zone blanche » n'est pas une anomalie: c'est la charnière invisible qui tient la journée des femmes de ménage. Leur emploi du temps ressemble à un patchwork dont on verrait surtout les coutures: petits contrats éparpillés, déplacements à leurs frais, et, collées entre chaque morceau, des heures d'attente non rémunérées. Additionnez ces pauses forcées à l'échelle d'une semaine, puis d'un mois : c'est un second temps partiel, fantôme, que personne ne déclare.

Les trous, pourtant, ne sont pas qu'une plaie. Marianne évoque l'été : posée sur un banc, le vent sur les épaules, « on respire enfin ». Pendant les soldes, elle se glisse dans la galerie marchande, repère les bonnes affaires. « C'est mon moment à moi. » Mais l'automne arrive, la vitre embuée ne réchauffe plus rien et le chauffage pompe l'essence. Alors le trou redevient ce qu'il est : un interstice pénible où l'on guette l'horloge.

Rares sont les lieux qui les accueillent. Pas de salle de repos, à peine un vestiaire. Comme les agents de sécurité, les caissières en horaires coupés, les agents d'entretien, elles campent dans leur voiture. Elles s'y changent, y mangent un sandwich, passent des appels à la maison : « Mettez le repas au four, j'arriverai après l'heure. » Le temps partiel, loin de libérer des soirées, les croque des deux côtés. Petit déjeuner sans maman partie avant l'aube ; devoirs bâclés car elle court d'un site à l'autre ; lessives lancées à 22 heures, une fois le badge rendu. La double journée classique des femmes se double d'un agenda éclaté : le métier empiète sans que la charge domestique recule. « Je suis toujours en retard », résume Marianne. Retard sur le travail – être à l'heure, c'est déjà avoir gagné, retard à la maison où le dîner refroidit, retard sur soi-même : lire, se poser, n'existe plus.

Autour de ces routines se sédimente une zone grise du travail : des heures capturées par l'activité sans être reconnues comme telles, donc ni comptées ni payées. Ce qui frappe l'œil de l'observateur extérieur, c'est à quel point l'externalisation du ménage – domestique ou professionnel – ne tient debout qu'à la condition de faire supporter aux nettoyeuses les coûts cachés : attentes non rémunérées, kilomètres à leurs frais, empiètements sur la vie privée. Or ces coûts ne relèvent d'aucune nécessité technique. Dans d'autres métiers d'intervention (plomberie, électricité, dépannage), trajets et battements sont intégrés et payés ; ils sont partie prenante du service. De même, l'argument des « impératifs d'organisation » qui cantonne les femmes de ménage aux marges horaires sert moins une contrainte logistique qu'une stratégie inavouée : effacer le geste de nettoyage et, à travers, la présence de celles qui le portent. On déplace le chiffon hors du champ visuel et, dans le même mouvement, on déplace ses porteuses hors du travail reconnu.

Poursuivre la continuité de l'action syndicale

Témoignage de Pascal, salarié de la grande distribution

« Je suis salarié d'une enseigne d'hypermarchés qui appartient à un grand groupe. Il aime particulièrement soigner son image et son influence, mais je peux vous dire que la vie n'est pas rose pour les salariés, et c'est loin de s'améliorer.

*La grande distribution est en pleine restructuration, l'*e-commerce *a pris une grande part du gâteau et les groupes cherchent par tous les moyens à maintenir leurs bénéfices à distribuer aux actionnaires.*

> Heureusement, nous avons pu compter sur la force de notre collectif syndical national.

Depuis plusieurs années, nous sommes suspendus à la stratégie de notre groupe qui se sépare de ses salariés par vagues en cédant ses hypermarchés en location-gérance ou en franchise. La marque reste, mais les salariés sortent des effectifs. Cela a commencé avant la pandémie et ça continue. Quasiment toutes les enseignes cèdent à ce modèle. On a l'impression de n'être qu'une marchandise.

On a pris des risques tous les jours pendant la pandémie. On a travaillé dans les premiers temps sans protection, avec la peur au ventre d'être contaminés et de transmettre le virus à nos proches. J'en ai vu, des collègues, craquer…

En tant que secrétaire général d'un syndicat des Services, j'ai dû mener de front mon travail et mon engagement syndical dans les conditions que nous connaissons. Nous avons bataillé pour obtenir que tous les salariés soient équipés de masques, notamment les salariés du nettoyage et de la sécurité, qui ont continué à travailler comme nous.

La pandémie a bouleversé notre manière de fonctionner. Nous avons dû nous adapter pour rester en contact avec nos adhérents et plus largement les salariés.

Heureusement, nous avons pu compter sur la force de notre collectif syndical national.

Cela a été un tournant dans l'utilisation des outils numériques, pour communiquer, pour garder le lien et continuer à défendre les droits des salariés.

Les visioconférences ont été bien pratiques pour demander le maintien des échanges avec les directions des entreprises. C'était plus que jamais nécessaire. »

Les enjeux

Steve Bringart,
secrétaire national de la Fédération des Services CFDT

La continuité de l'activité syndicale, un atout majeur pour repère

Parmi les sujets les plus inconnus du grand public, la continuité de l'activité syndicale d'une entreprise est sans doute la plus extraordinaire des licornes.

De quoi s'agit-il? Lorsqu'une activité change de propriétaire lors d'un passage en franchise, d'une vente d'entreprise ou d'une externalisation, les équipes syndicales, qui veillent telles des sentinelles au respect de la conformité d'exécution du contrat de travail et des conditions de travail: les représentants du personnel, qui peuvent agir, changent. Sans relais syndical, les salariés essentiels se retrouvent sans repères ni porte-voix au moment même où leurs conditions de travail sont le plus susceptibles d'être bouleversées.

La continuité syndicale vise à assurer qu'il existe, à tout moment et sur chaque site, des représentants disposant de moyens d'action : information, consultation, négociation et recours. Quand l'employeur juridique change, le risque est double :

- discontinuité de représentation : les mandats cessent ou ne sont pas reconduits immédiatement ;
- perte de mémoire sociale : les engagements pris (accords d'entreprise, usages, promesses verbales) peuvent être oubliés ou ignorés par le repreneur.

Trois scénarios de rupture fréquents

Scénario	Mécanisme	Risques principaux
Franchise	Le franchiseur concède sa marque ; l'entité franchisée devient employeur.	Éclatement des instances, hétérogénéité des pratiques.
Cession/Vente	Changement de propriétaire juridique.	Suspicion quant à la pérennité des engagements sociaux préexistants.
Externalisation	Transfert d'une activité vers un prestataire.	Double distance (géographique et hiérarchique) entre salariés et donneur d'ordres, avec en prime une aggravation de la précarité lors des transferts de marché.

C'est alors que les équipes syndicales du prestataire et du donneur d'ordres doivent se connaître et se coordonner pour défendre les intérêts des salariés.

Ils doivent être là où les décisions se prennent, que ce soit dans le choix des espaces où le matériel de travail est stocké, lorsque des investissements sont réalisés pour des équipements de protection individuelle, pour expliquer les dispositions d'un nouveau contrat.

Des lacunes juridiques et zones grises persistent

Aucune disposition du code du travail n'organise aujourd'hui la rencontre formelle des équipes syndicales employeur/donneur d'ordres. Les textes relatifs à la sous-traitance (L. 8222-1 *s.*) imposent bien une vérification des obligations sociales, mais restent muets sur la gouvernance sociale partagée. D'où l'importance de l'intelligence collective et de la solidarité intersyndicale.

Bien que les salariés de la prestation de services aient le droit de voter aux élections professionnelles chez le donneur d'ordres, nous pensons que c'est là où résident les droits que doivent se porter les voix.

Pour nombre de salariés étrangers, le droit de vote en entreprise est le seul dont ils disposent sur le territoire et il est même vital car il permet de choisir celle ou celui qui sera consulté sur les investissements et les équipements.

Il s'agit également que les représentants des deux entreprises puissent échanger sur les engagements pris dans les contrats pour évaluer la faisabilité de ceux-ci et les limites et bénéfices de telles dispositions.

Rien n'est prévu par les textes à ce jour pour organiser la rencontre de ces équipes, aucune instance de coordination n'est prévue légalement. Seule l'intelligence collective et la détermination d'une poignée de délégués souvent issus de la même organisation syndicale réussissent à se mobiliser dans l'intérêt de tous.

La qualité de la continuité dépend largement du maillage relationnel entre l'équipe syndicale du prestataire et celle du donneur d'ordres.

Ces succès sont souvent le résultat de démarches individuelles et de connaissance mutuelle qui peuvent être encouragées par les structures interprofessionnelles locales. Mais, pour réaliser cela, encore faut-il connaître le nom des entreprises prestataires, ce qui est encore plus rarement le cas.

La continuité syndicale n'est pas un luxe

Elle constitue un repère vital pour les salariés essentiels, particulièrement exposés lors des changements de périmètre économique. Faute de cadre légal, l'enjeu repose aujourd'hui sur la volonté collective : celle des délégués qui, au-delà des frontières juridiques, créent les passerelles nécessaires pour que chaque voix, quel que soit l'employeur, continue d'être entendue.

Le regard de
Sophie Thiéry,
membre du Conseil économique, social et environnemental

Pour un dialogue sur le travail, soutenu par la présence syndicale

Les Assises du travail ont mis en lumière un besoin essentiel : redonner une place centrale à la parole des travailleurs et travailleuses. Pas uniquement celle qui répond à des enquêtes ou alimente des baromètres. Mais celle qui dit, au quotidien, ce qu'est le travail réel, avec ses tensions, ses empêchements, ses fiertés aussi. Cette parole-là est précieuse. Elle ne peut plus rester en marge des décisions qui engagent l'avenir du travail.

Mais pour que cette parole existe, il faut plus qu'une invitation à s'exprimer. Il faut des espaces, des temps, des pratiques managériales qui permettent d'écouter – vraiment – ce que les salariés ont à dire de leur travail. Cela implique que les directions acceptent d'entendre ce qui ne va pas, et surtout, qu'elles s'organisent pour y répondre. Dire le travail, c'est parler de ce que l'on fait au quotidien, de la manière dont on le fait, et de ce qui en découle. C'est aborder la réalité de ses conditions : est-ce qu'on a les moyens de bien faire son travail ? Est-ce que la charge est supportable ? C'est aussi questionner son sens, ses objectifs et les impacts sur la vie personnelle. Le dialogue professionnel, c'est tout cela : échanger pour améliorer, ajuster et donner aux salariés une vraie place dans les décisions qui concernent leur quotidien. Et cela ne s'improvise pas.

Ce dialogue ne peut vivre durablement sans la présence d'acteurs légitimes et formés. C'est là que le rôle des syndicats est décisif. Les représentants syndicaux construisent une parole collective à partir de réalités multiples. Ils ont vocation à chercher celles et ceux qu'on n'entend jamais. Ils portent la voix des salariés invisibles : agents d'entretien, aides à domicile, travailleurs du soin, de la logistique, de la grande distribution. Tous ceux dont le travail est indispensable, mais dont ses conditions d'exercice ne cessent de se dégrader.

Le rôle des syndicats est justement d'écouter, observer, documenter. Ils interrogent ce qui empêche le travail bien fait : les horaires morcelés, les sous-effectifs, les pressions contradictoires, le manque de reconnaissance et d'autonomie, l'impossibilité de se former ou d'évoluer. Et ils ont une légitimité à questionner aussi les freins périphériques, ceux qu'on oublie trop souvent – le logement, les transports, la garde d'enfant – mais qui pèsent chaque jour sur la capacité des personnes à tenir dans l'emploi ; et parfois enferment dans la précarité au travail. Les salariés essentiels, en particulier les femmes, sont particulièrement concernés par ces sujets.

La continuité syndicale, lors des changements de périmètre économique, c'est ce qui doit permettre d'identifier les conséquences sociales et de garantir les droits et usages acquis, de négocier l'organisation du temps de travail et l'accès à la formation, d'assurer de l'égalité de traitement, etc. C'est avant tout une question de démocratie : il ne faut pas laisser ces salariés en dehors du champ de la représentation, comme s'ils étaient privés du droit d'être entendus et défendus.

En garantissant un dialogue respectueux et structuré, les syndicats permettent aux salariés de faire entendre leur voix et d'exprimer leurs préoccupations. Là où cette parole circule, les tensions sociales se résorbent et les solutions émergent, créant ainsi un rempart démocratique.

L'épineuse question des retraites

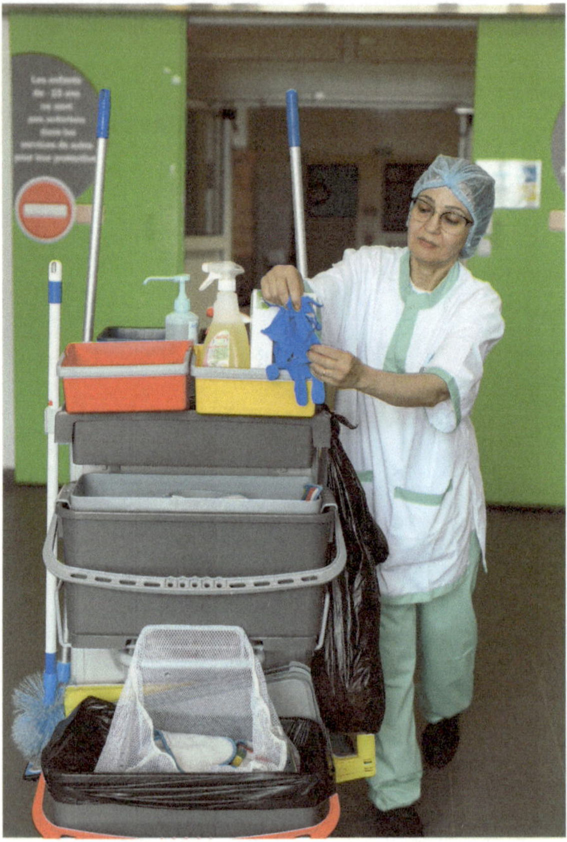

Témoignage de Nelly, agente de propreté

« Je suis agent d'entretien depuis vingt ans, après mon divorce. J'ai dû trouver rapidement un emploi pour subvenir aux besoins de mes trois adolescents.

Les métiers du nettoyage recrutaient facilement, souvent à temps partiel et en horaires décalés. J'ai complété mes heures avec du service à la personne et d'autres sociétés de nettoyage. Ce travail de transition est devenu mon métier.

> Il me reste quelques années avant de pouvoir profiter de ma retraite, mais dans quel état serai-je ?

Je travaille sur plusieurs sites par jour avec de grandes coupures entre les services. Les plannings changent souvent et nous travaillons parfois le week-end. Ce métier nous oblige à courir toute la journée pour un salaire minimal, sans perspective d'évolution ni formation qualifiante, et avec peu d'acquis sociaux. Il nous use moralement et physiquement, causant des troubles musculosquelettiques et une fatigue chronique due aux horaires décalés. La profession est majoritairement occupée par des femmes souvent en situation précaire, avec une moyenne d'âge en évolution vers les plus de soixante ans.

Je vais avoir soixante ans dans quelques semaines moi aussi, et l'âge de la retraite s'éloigne. Mon corps est fatigué, même avec des machines pour nous aider. Nous faisons beaucoup de gestes répétitifs et restons debout toute la journée. L'inflation a augmenté, mais nos salaires n'ont pas suivi, réduisant notre pouvoir d'achat. Nous travaillons pour survivre, pas pour vivre.

Nous sommes souvent pris entre notre employeur et le responsable du site client avec des injonctions contradictoires.

Le covid a mis en lumière nos métiers, devenus essentiels. Nous avons enduré la peur du virus, le manque de matériel, les exigences et les contrôles d'attestation de circulation.

Les promesses, comme la prime Macron, n'ont rien donné, les salariés n'étaient pas concernés par celle-ci dans l'immense majorité des cas. L'humain derrière ses gants et sa blouse est redevenu invisible.

J'aime mon travail et je suis fière de ce que je fais. Je n'ai jamais eu honte de mon métier. C'est le regard des autres qui nous fait nous sentir comme des salariés de seconde zone. Les lieux de santé, les écoles, les musées seraient bien sales sans nous.

Donc aujourd'hui, il est temps que les choses changent !

Qui va porter notre parole pour enfin donner du sens à nos métiers difficiles ! »

Les enjeux

Véronique Revillod,
secrétaire générale de la Fédération
des Services CFDT

L'âge fuyant de la retraite, plaidoyer pour un repos mérité

Dès 2019, la perspective d'une réforme des retraites a exacerbé le sentiment, chez les travailleurs essentiels, d'un mondc à deux vitesses : d'un côté ceux dont l'activité professionnelle permet d'envisager de faire un peu de « rab » pour s'offrir une retraite de meilleure qualité, et d'autre part celles et ceux dont l'activité physique professionnelle permet difficilement de dépasser les soixante ans en pleine santé, voire même qui envisagent de ne pas arriver à la retraite du tout.

La crise covid s'est illustrée par une ultra-mobilisation de ces travailleurs dont les services sont essentiels et qui se sont investis sans compter. Dans les Services, ce sont bien les mêmes qui ont souvent commencé leurs carrières très jeunes. Au mépris de classe souvent ressenti par ces travailleurs s'ajoute le déni d'un travail qui use et accroît le souhait de bénéficier d'un repos plus que mérité.

Ce déni technocratique de l'usure professionnelle, que les employeurs abhorrent à appeler « pénibilité », divise et déclasse les travailleurs essentiels du reste de la société.

La crise covid passée, la reconnaissance n'est pas venue, et l'espoir a laissé la place à l'amertume. Alors même que les confinements ont donné à tous le sentiment d'avoir sacrifié deux ans de liberté, le gouvernement, pourtant bien conscient de cet immobilisme patronal, soulève l'indignation en imposant sa réforme des retraites par recours au 49.3. Deux millions de salariés sont dans la rue. L'affluence des travailleurs essentiels des Services dans nos cortèges est saisissante. Les travailleurs essentiels se sentent piétinés une seconde fois par l'abandon collectif. Le sentiment de trahison est dans toutes les bouches. Il comprend évidemment aussi celui des populistes qui reprennent à leur compte le désarroi des essentiels sans concrètement défendre leurs droits dans l'arène politique.

Lors des épisodes de catastrophe climatique, ils étaient encore là, toujours debout, pour sécuriser les bâtiments et les marchandises, refaire les rayons, assister les plus fragiles, nettoyer les dégâts dus aux inondations, et en outre-mer lors du passage de cyclones.

Est-il plus sage de terminer sa carrière en

arrêt maladie ou au chômage après avoir été corporellement mis au rebut pour inaptitude ? Telle est la récompense pour un engagement sans faille dans les crises économiques, sociale, environnementale.

Comme si la coupe n'était pas assez pleine, l'horizon d'une retraite paisible s'éloigne ; n'aurait-on pas mérité que ces deux années soient reconnues au titre de l'effort de crise ?

Par la reconnaissance des carrières longues, ce sont heureusement souvent ces travailleurs qui seront reconnus. Mais parfois aussi, ils ont commencé très jeunes, à l'étranger, où leurs cotisations sociales, quand elles existent, ne sont bien souvent pas assimilables dans le système français. Ces dernières années de carrières se déroulent souvent sous le flot des cadences de plus en plus infernales liées aux exigences accrues de rentabilité.

Et si nous prenions véritablement le temps de penser quelques minutes aux aménagements de fin de carrière, qui pourraient permettre à ces salariés expérimentés de terminer une carrière fondamentale pour la société dans la dignité ?

Le regard de

Véronique Revillod,
secrétaire générale de la Fédération des Services CFDT,
mais bien d'autres métiers avant…

Avant de mettre mon énergie au service d'une organisation syndicale, j'ai effectué des remplacements en tant qu'étudiante comme « femme de ménage » en maison de retraite. Les deux appellations ont évolué pour des raisons éthiques et normatives. En 2025, il serait convenable de dire « agent d'entretien » en « EHPAD ». J'ai pu vivre dans ma chair l'engagement physique et l'exigence technique qu'un tel poste requiert. J'ai nettoyé des domiciles et accompagné des personnes âgées dépendantes. J'ai fait le service.

À vingt ans, je me suis demandé comment on pouvait faire pour exercer ces métiers physiques et épuisants pendant toute une carrière. Je l'ai vite compris : le niveau de satisfaction vient du sentiment du travail bien fait et de la dignité rendue aux résidents et bénéficiaires dépendants.

Mais cet engagement, que le vice appelle « vocation », n'est-il pas la muselière de l'expression des besoins de ces salariés en fin de carrière ? La vitrine est belle, mais notre société tout entière n'en profite-t-elle pas sciemment ?

J'ai repris mes études et j'ai travaillé quinze ans dans le recrutement en agence de travail temporaire. Alors j'ai pu expérimenter les attentes « sans filtre » des clients qui écartaient avec plus ou moins de tact les candidatures des seniors que l'on appellerait désormais « profils expérimentés ». Les remarques et moqueries sur l'âge sont légion et parfaitement assumées.

On change les appellations de ce que l'on ne sait pas régler collectivement.

Puis l'aventure syndicale m'a permis de rentrer dans l'arène des lieux de discussion pour négocier des moyens d'inclusion de ces profils riches mais parfois bien cabossés par des économies de bout de ficelle. Des chariots trop lourds aux véhicules inadaptés, les cadences n'ont pas ralenti et le travail pressé est devenu la norme. Peu d'études rapportent l'effet de la pression commerciale, dans les contrats des prestataires de services, sur leur vieillissement prématuré.

Je ne fus donc pas étonnée de voir que les rangs de la mobilisation contre l'âge légal de la retraite à soixante-quatre ans pour tous étaient remplis de ces salariés qui réclamaient une reconnaissance de l'usure professionnelle, des carrières hachées et broyées par les attentes illusoires d'un marché qui consomme ses salariés sans prévoir d'évolution digne de ce nom.

Les engagements en faveur des fins de carrière convenables sont maigres et peu repris par les opérationnels à qui l'on fixe des objectifs qui ne tiennent pas compte des aménagements nécessaires.

Il n'y a pas un jour sans que les médias ne rapportent que les employeurs se plaignent du coût du travail. Mais que font-ils pour que les fins de carrière se passent sereinement, en emploi, et ne pèsent pas lourdement sur les deniers publics ?

Alors, lorsque vous songerez aux mesures sur les retraites, les fins de carrière ou l'usure professionnelle, empruntez donc les lunettes de Zanetà, Gabriel, Céline, Lazhare, Arnaud, Arnold, Nelly, Sylvie, Béatrice, Yann, Nadia, Ibtissam ou Marie-José. Vous comprendrez sans doute beaucoup plus précisément la différence entre égalité et équité.

Postface

Laurent Berger,
secrétaire général de la CFDT de 2012 à 2023

Il est parfois intéressant de prendre un peu plus de recul pour regarder l'histoire. C'est désormais retiré de mes responsabilités que j'observe l'évolution de l'engagement syndical en faveur des travailleurs essentiels et le déni des autres acteurs envers eux. La puissance de l'indignation lors des mobilisations devant le Panthéon en 2021 exhortant à la reconnaissance des essentiels ne s'est pas éteinte. Elle a simplement été ignorée.

Nous en sommes donc au même point pour tous ces travailleurs essentiels. Mais le combat n'est pas vain. Il sera le fruit de ce que chacun d'entre nous portera à sa manière pour ne pas détourner le regard de cette réalité. Il faut se retrousser les manches et agir vite. Pour ne pas laisser dans l'histoire la trace d'un intolérable mépris.

La pandémie est désormais lointaine, les professionnels des services en sont les grands oubliés, comme s'ils faisaient « partie des meubles ». Ils et elles sont là et le seront toujours.

Ce cynisme, nourri par des décideurs, en grande majorité peu enclins au dialogue social, fait obstruction à la reconnaissance des professionnels du champ des services. Une meilleure rémunération, des conditions de travail dignes et des perspectives d'évolution, c'est pourtant ce que le travail doit a minima apporter à tout travailleur.

Doit-on rappeler combien notre quotidien serait très compliqué sans l'effort de ces femmes et de ces hommes ? Ils tiennent parce que, malgré tout, ils l'aiment, leur métier, et ils aiment leur entreprise. Mais combien de temps encore ?

Le dialogue social et la négociation collective sont la seule voie de passage pour une société plus juste, qui n'engendre pas ces frustrations pouvant mener à céder aux sirènes de l'extrême droite.

On apprend que 211 milliards d'aides publiques ont été versées en 2023 aux entreprises, sans conditions, et sans contrepartie pour toutes celles et ceux qui les font marcher.

Le gouvernement a un rôle majeur à jouer. Il doit conditionner les aides pour que les entreprises s'engagent vers un meilleur partage de la richesse. Et chaque entreprise peut aussi de manière responsable faire le choix de contrats de prestation équitables, qui se soucient du bien-être et du bon traitement des salariés.

Les enjeux liés à la reconnaissance des travailleurs essentiels sont importants pour l'avenir de notre société.

Les représentants syndicaux des salariés sont les capteurs du vécu des salariés. Il faut les écouter et mieux les considérer. C'est grâce à des débats constructifs comme la CFDT sait les mener que le compromis est possible, pour rendre la vie meilleure au travailleur et pour rendre plus attractifs les métiers. Tout le monde y gagnera. La relève pour porter leur voix est assurée. Il ne reste qu'à l'écouter.

Dans le contexte économique et social que nous traversons, dans ce monde en transformation, nous ne devons pas nous interdire de continuer à chercher à installer une solidarité collective dans les entreprises, entre les dirigeants et les salariés. Elle est possible dès lors que chaque acteur s'engage pour un partage juste des richesses. C'est le cas dans certaines entreprises, il est temps que celles du champ des services répondent à cette nécessité, elles n'en seront que plus solides.

C'est à vous de jouer !

Les auteurs

Les auteurs : Enjeux politiques

Véronique Achille-Revillod est secrétaire générale de la Fédération des Services CFDT qui représente 6,6 millions de travailleuses et de travailleurs des services.

Lahouari Boubekeur est secrétaire national de la Fédération des Services CFDT en charge de la politique des très petites entreprises, du logement et de la syndicalisation.

Steve Bringart est secrétaire national de la Fédération des Services CFDT en charge de la politique organisationnelle, du renouvellement des responsables et du fonctionnement des instances internes.

Adrien Guellec est trésorier de la Fédération des Services CFDT, en charge de la politique de l'emploi, de la formation et de la sécurisation des parcours professionnels, du vivre ensemble et de la lutte contre les discriminations.

Aurélie Flisar est secrétaire générale adjointe de la Fédération des Services CFDT en charge de la politique du travail (santé et conditions de travail, équilibre entre la vie professionnelle et la vie personnelle…).

Stéphanie Dayan est secrétaire nationale de la Fédération des Services CFDT en charge de la politique de la protection sociale, des relations internationales et des cadres et saisonniers.

Sylvain Macé est secrétaire national de la Fédération des Services CFDT en charge de la politique de rémunération, du pouvoir d'achat, de la responsabilité sociale des entreprises, de la protection de l'environnement et des transitions technologiques et environnementales.

Sandrine Villalon est secrétaire nationale de la Fédération des Services CFDT en charge de la politique en direction des femmes, de la sous-traitance et des prestations de services, et de la formation syndicale.

Les responsables nationaux de la Fédération des Services CFDT sont issus des professions des services et connaissent les métiers pour les avoir pratiqués.

Les auteurs : Le regard de

Mark Bergfeld est directeur en charge du suivi des secteurs des services et de la propreté à Uni Global Union Europa, syndicat européen affilié à la Confédération européenne des syndicat (CES).

Christophe Bertossi est sociologue et politiste spécialisé dans l'étude de la citoyenneté, des discriminations et de l'évolution des formes d'exclusion raciste dans les sociétés européennes. Il est cofondateur de l'Institut pour la démocratie (Idem).

Marie Dancer est journaliste au quotidien *La Croix*, au service « Éco&Transition ». Le 18 septembre 2024, elle a signé dans « L'Hebdo » de *La Croix* un dossier sur les travailleurs invisibles, « ces oubliés qui font tourner l'économie ». Elle a d'abord couvert les questions sociales en France (2006-2008 ; crise du CPE et réformes des retraites...) avant de suivre l'économie européenne (crise grecque et de la dette). Elle est aujourd'hui en charge des mutations du capitalisme (enjeux économiques, sociaux et environnementaux).

François-Xavier Devetter est chercheur et professeur de sciences économiques (Université de Lille) et à l'Institut de recherches économiques et sociales (IRES).

Denis Maillard est philosophe politique et fondateur du cabinet de conseil en relations sociales Temps commun.

Bruno Palier est directeur de recherches au CNRS à Sciences Po. Il est le coordinateur de l'ouvrage *Que sait-on du travail ?*, paru aux Presses de Sciences Po en octobre 2023.

Ève Rescanières est secrétaire générale de la fédération CFDT des Santé-Sociaux. Elle est infirmière de profession.

Marc Robert est avocat spécialisé en droit du travail et chargé d'enseignement à l'Université Paris I Panthéon-Sorbonne.

Antoine Rouillard-Pérain est analyste senior spécialiste des questions d'emploi et de formation.

Muriel Salle est maîtresse de conférences, spécialiste de l'histoire des femmes, experte en études de genre et humanités médicales.

Sophie Thiéry est présidente de la commission travail emploi du Conseil économique, social et environnemental (CESE) et consultante en responsabilité sociétale des entreprises (RSE).

Essentiels si essentiels

Jean Viard est sociologue et directeur de recherches CNRS au CEVIPOF, Centre de recherches politiques de Sciences Po Paris.

Thiebaut Weber est expert en transformations du travail et des compétences. Il a été secrétaire confédéral à la Confédération européenne des syndicats et conseiller à la délégation interministérielle à la prévention et à la lutte contre la pauvreté.

Et

Marylise Léon est depuis le 21 juin 2023 la secrétaire générale de la CFDT, première organisation syndicale en France.

Laurent Berger a été secrétaire général de la CFDT entre le 28 novembre 2012 et le 21 juin 2023. Il est directeur de l'institut mutualiste pour l'environnement et la solidarité de Crédit Mutuel Alliance Fédérale.

Cyril Entzmann est journaliste depuis 1996 et photographe indépendant depuis 2004. Il réalise des reportages et des portraits pour la presse, pour des institutions ou des entreprises. Ses thèmes de prédilection tournent autour du travail et de l'éducation ; il s'intéresse aussi de très près au monde de la montagne, et développe un travail personnel autour du corps en immersion. Son travail est diffusé par Divergence-Images. Site internet : *www.zir.fr*

Table des matières

Pour limiter l'empreinte environnementale
de leurs livres, les éditions de l'Aube
font le choix de papiers issus de forêts durablement
gérées et de sources contrôlées.

Achevé d'imprimer en septembre 2025
sur les presses de l'imprimerie Bussière
pour le compte des éditions de l'Aube
331, rue Amédée-Giniès, F-84240 La Tour-d'Aigues

Numéro d'édition : 6968
Dépôt légal : octobre 2025
Numéro d'impression :

Imprimé en France